ROSETTES 3

Scroll Saw Patterns

Marcus Clemons

This work is licensed under the Creative Commons Attribution-NonCommercial-NoDerivatives 4.0 International License. To view a copy of this license, visit http://creativecommons.org/licenses/by-nc-nd/4.0/ or send a letter to Creative Commons, 444 Castro Street, Suite 900, Mountain View, California, 94041, USA.

5

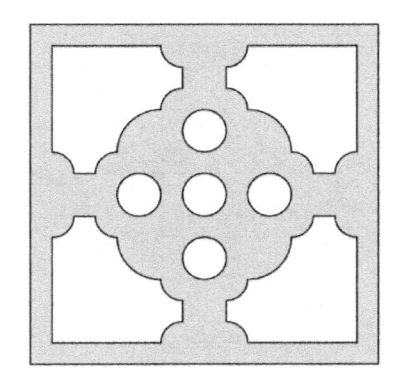

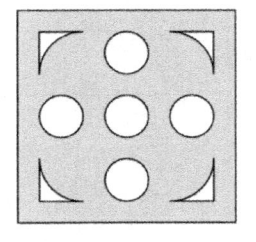

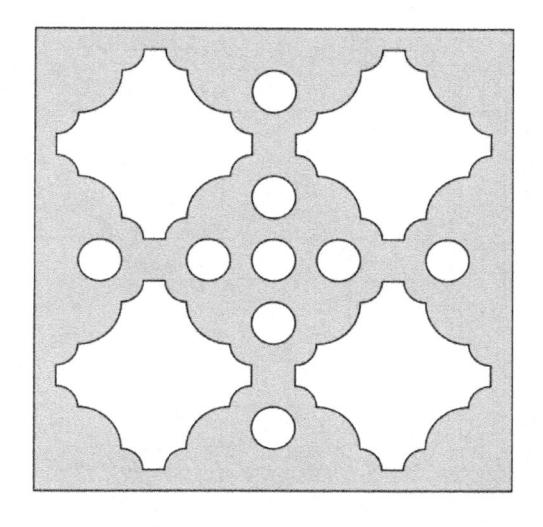

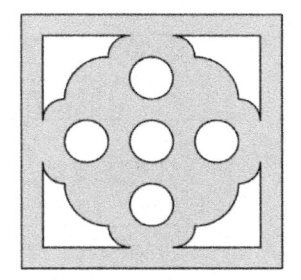

6

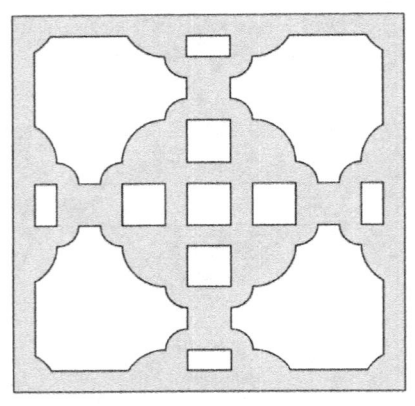

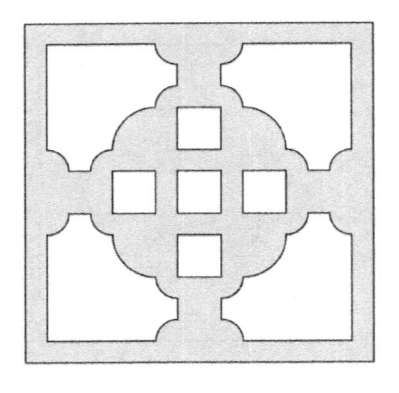

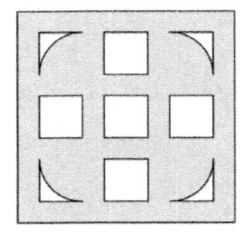

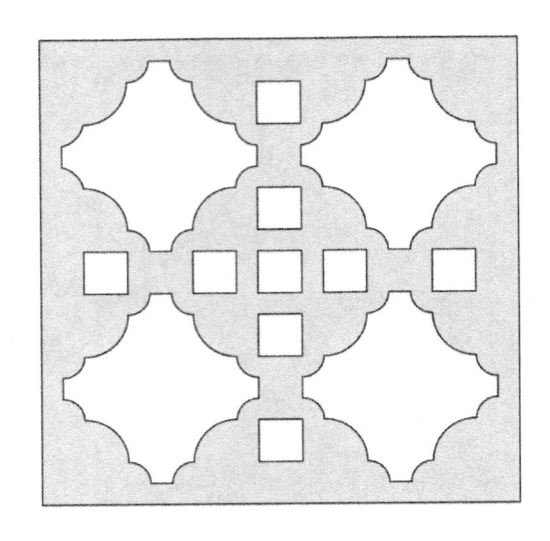

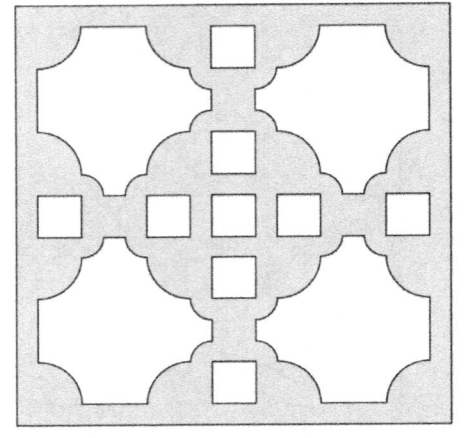

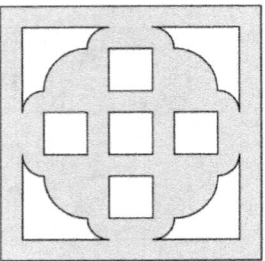

7

8

9

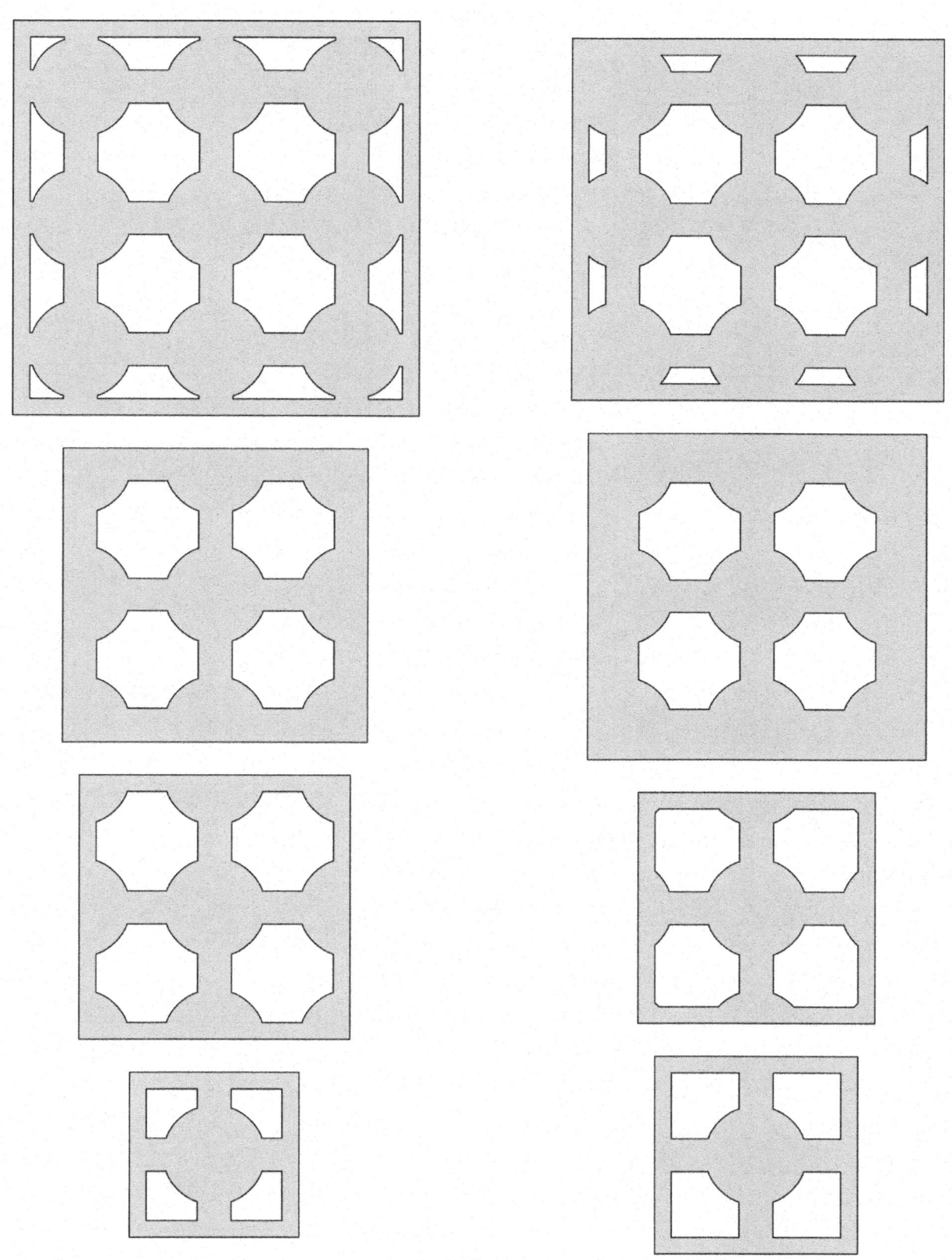

10

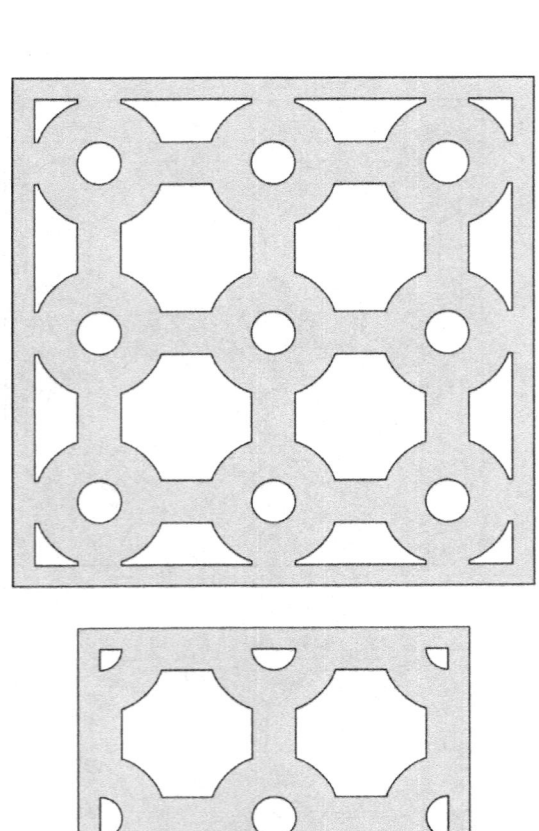

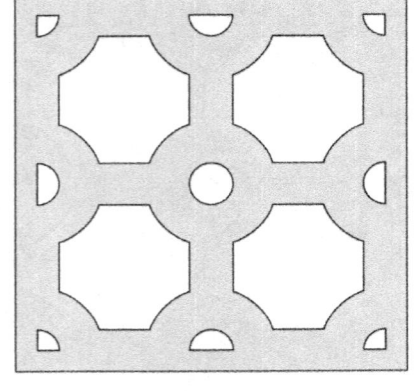

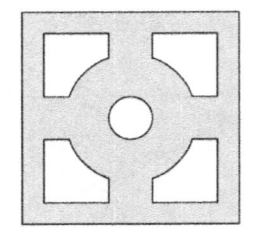

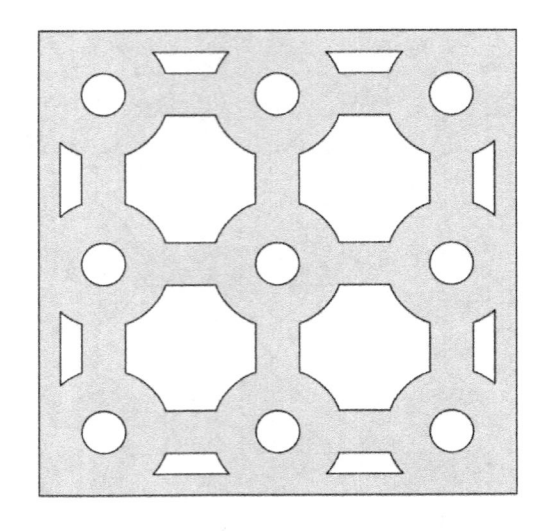

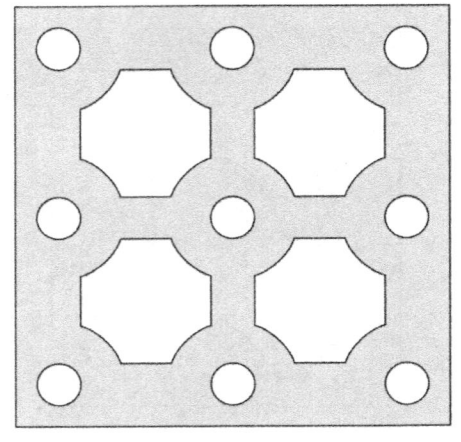

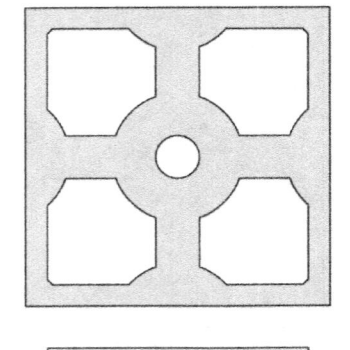

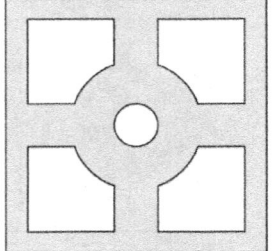

11

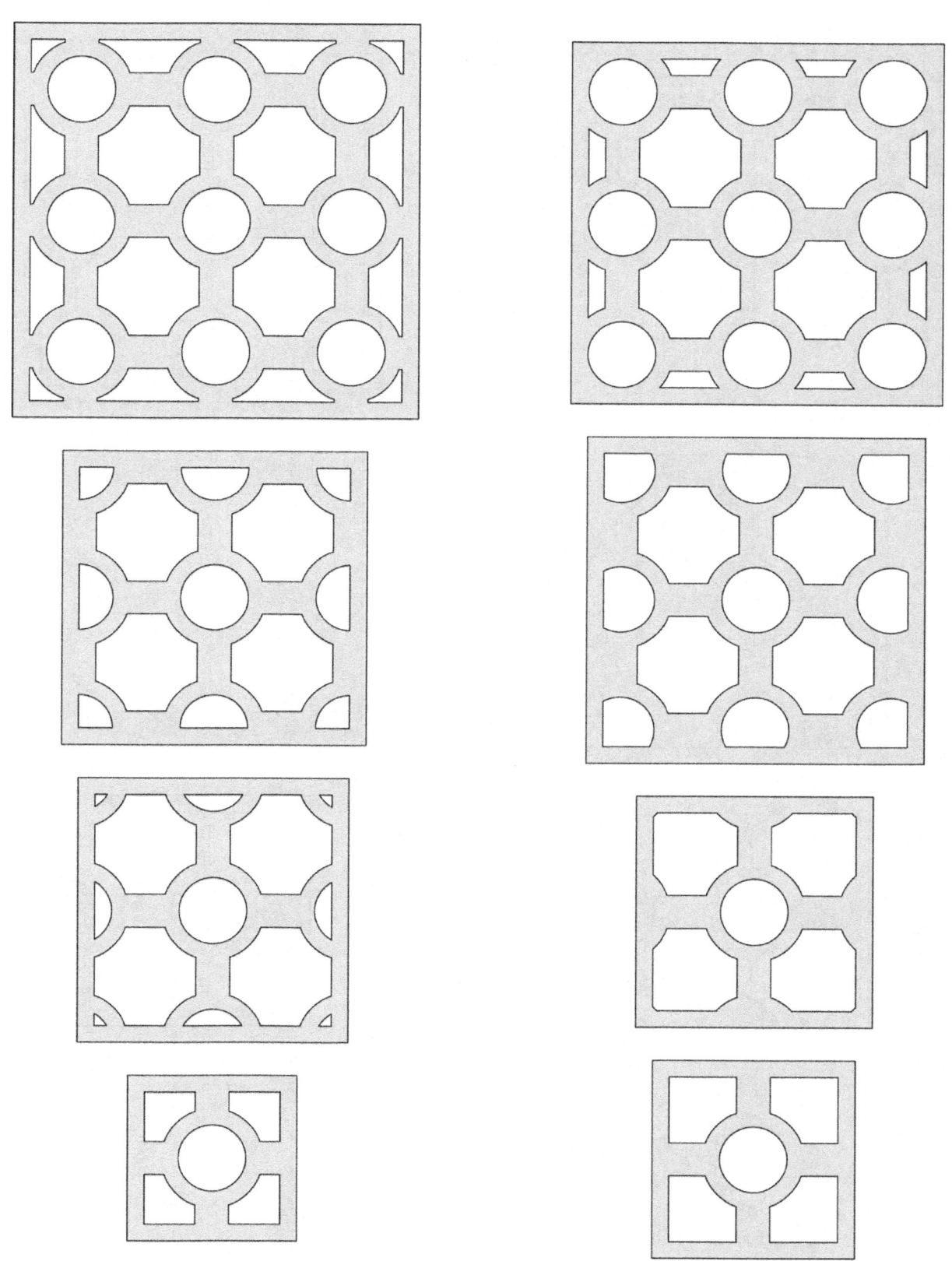

12

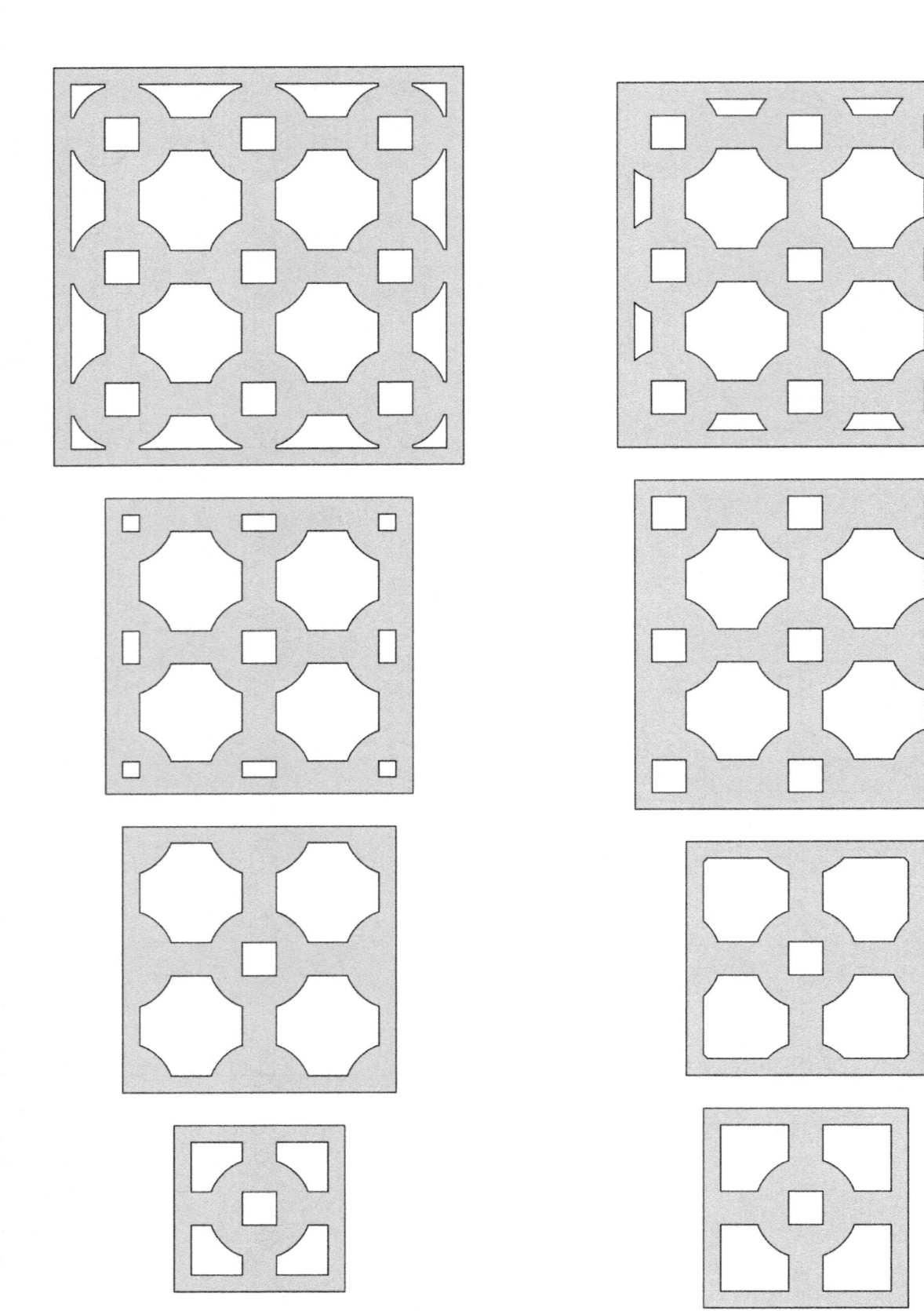

13

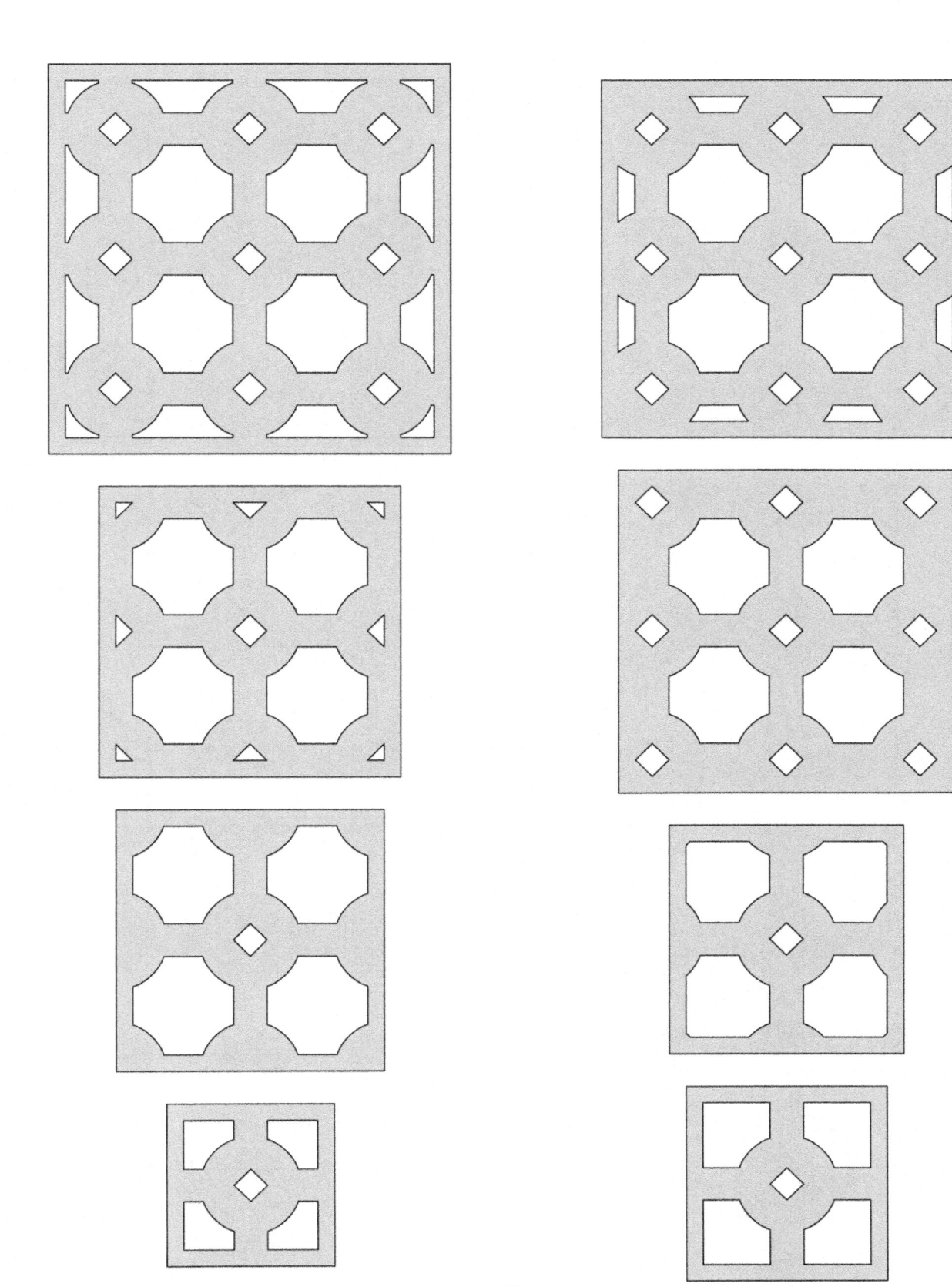

14

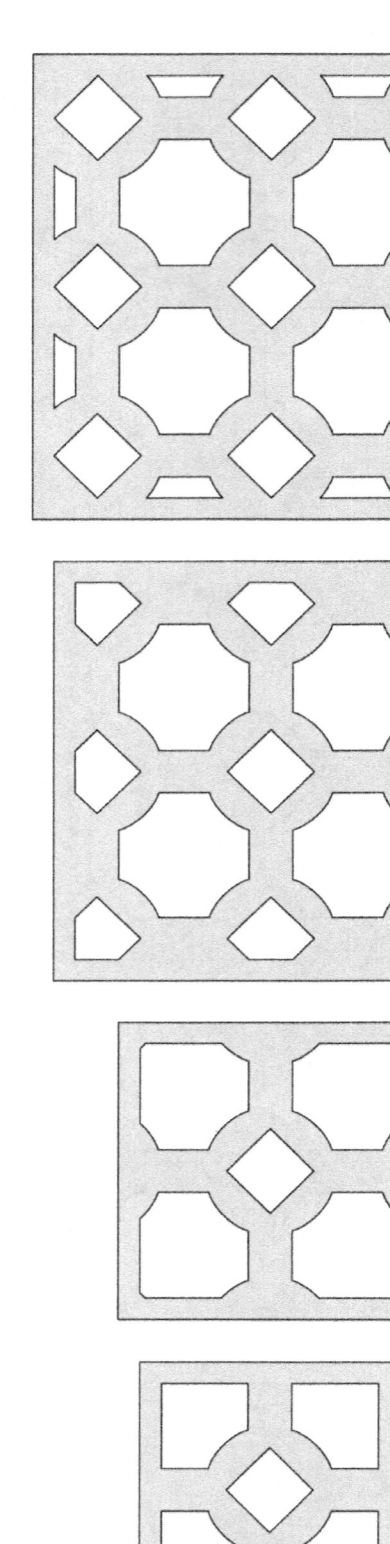

15

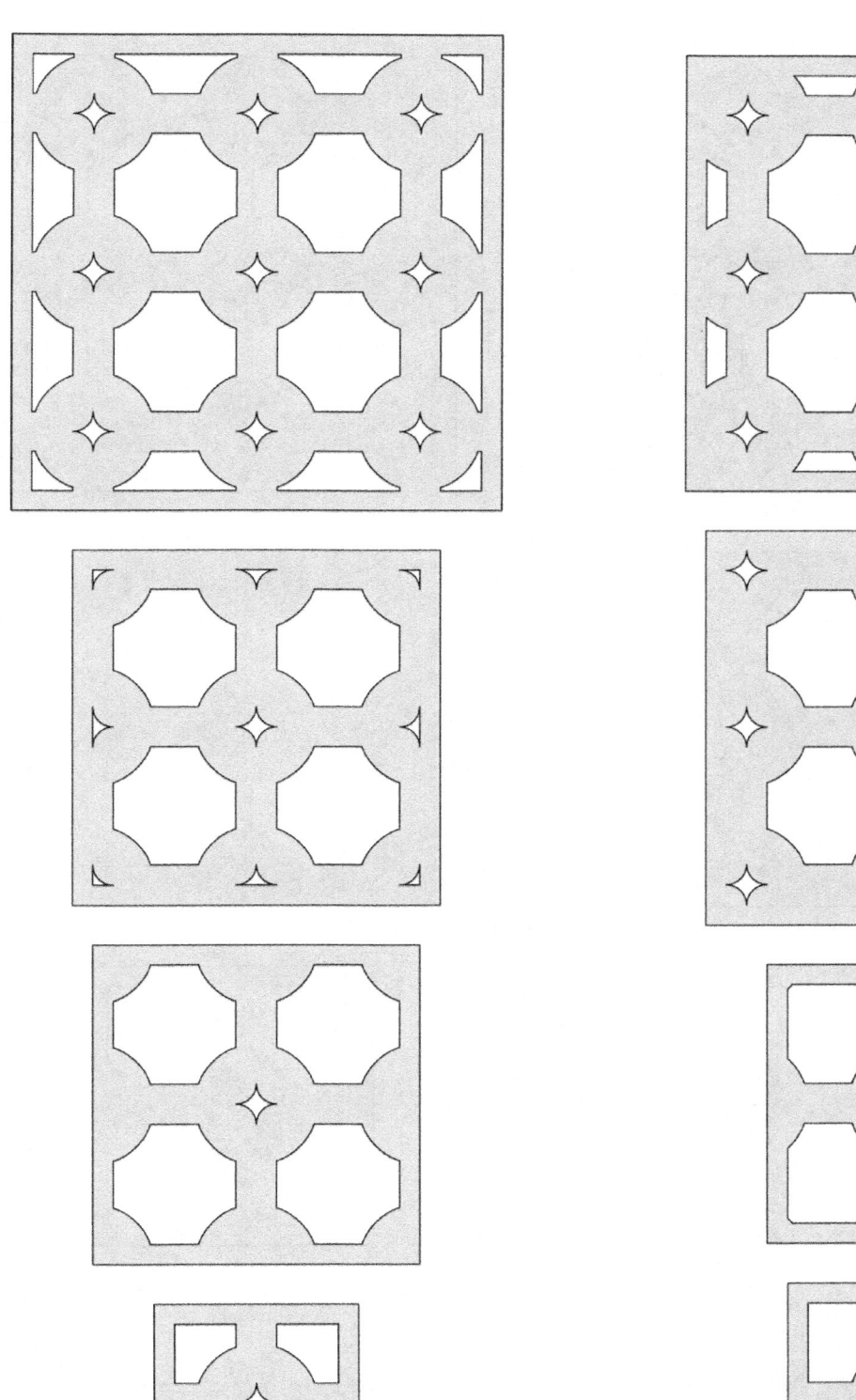

16

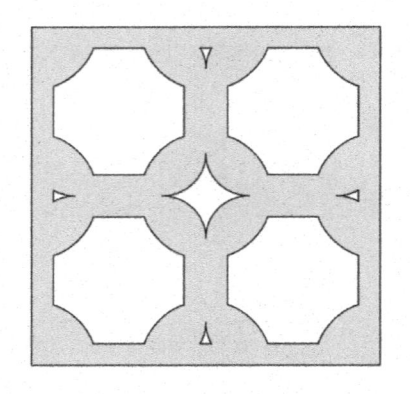

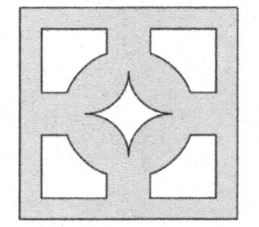

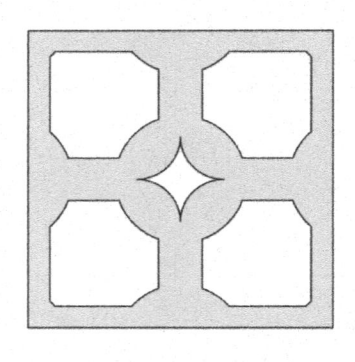

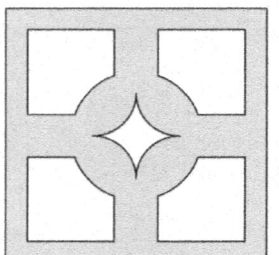

17

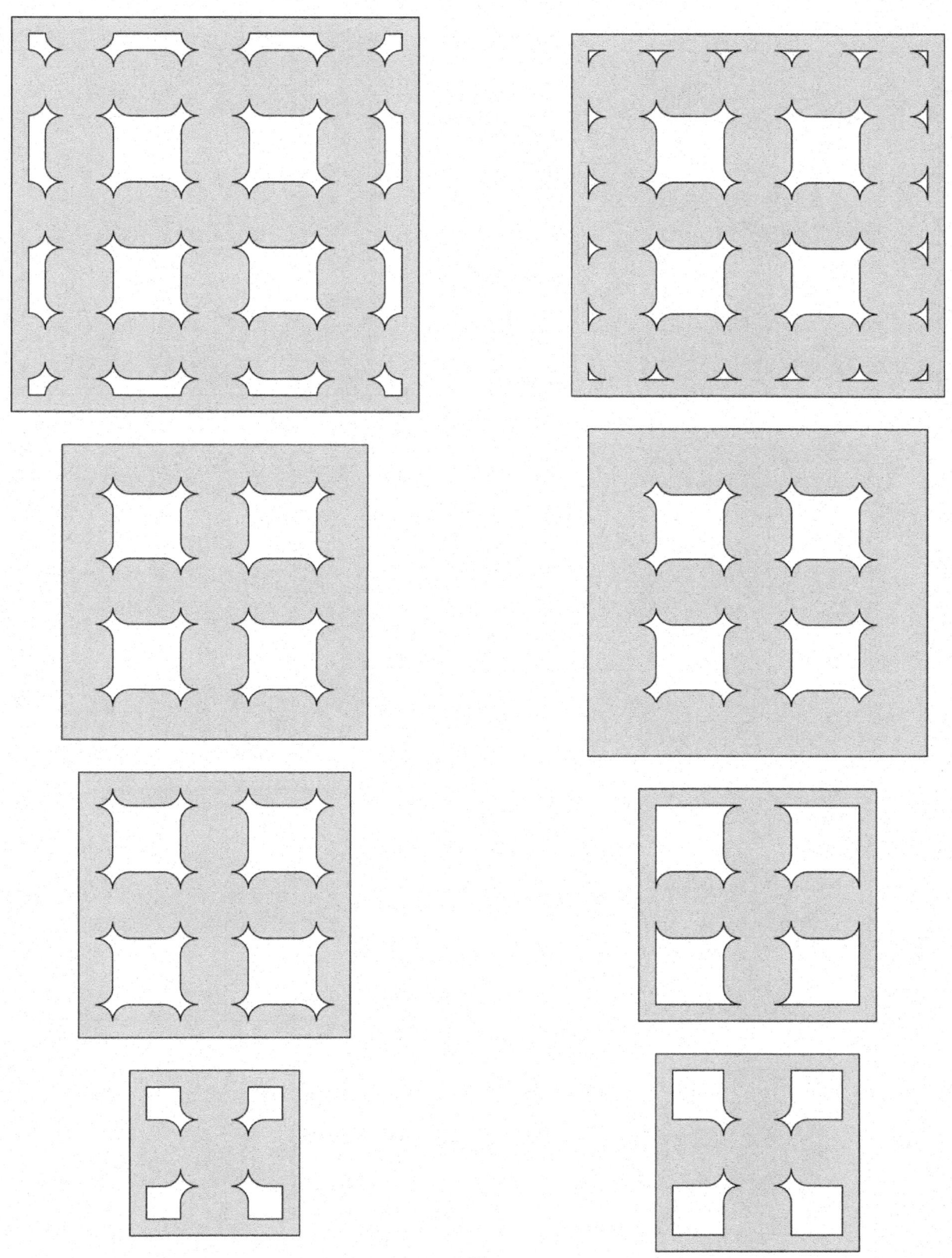

18

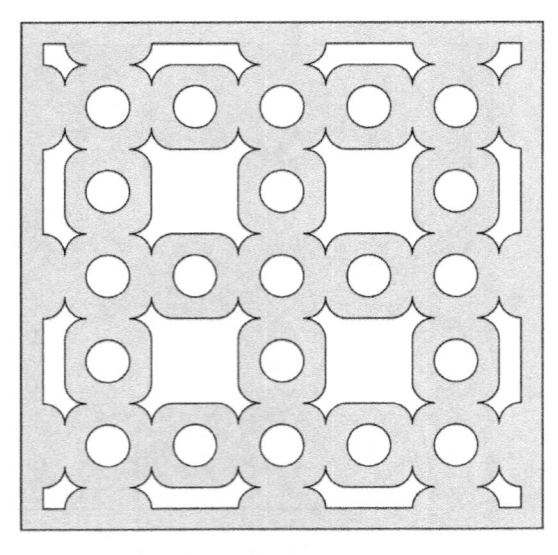

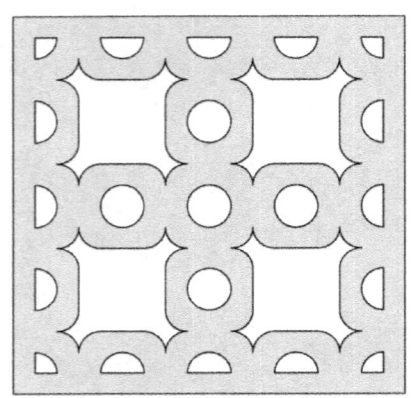

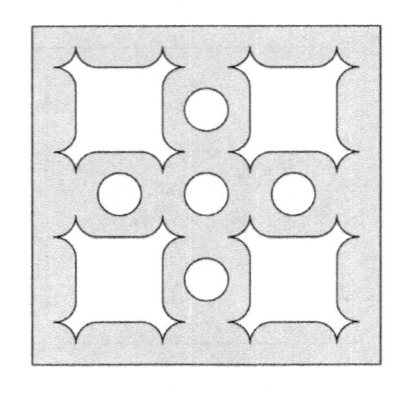

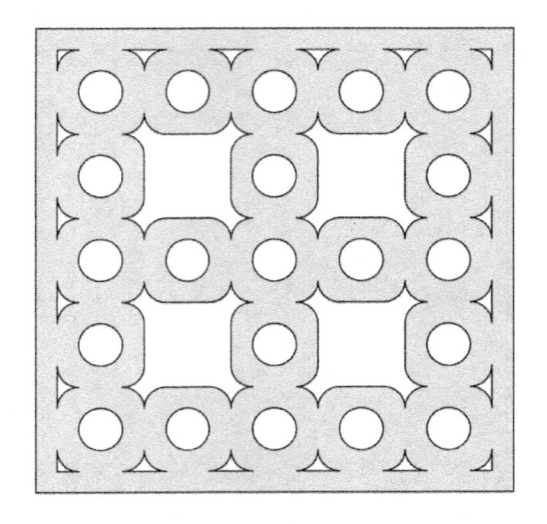

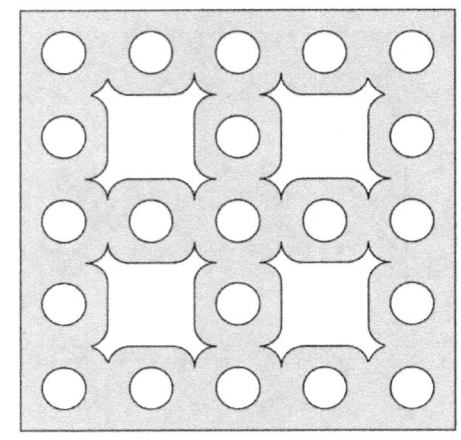

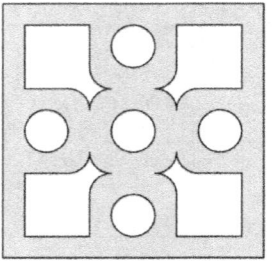

19

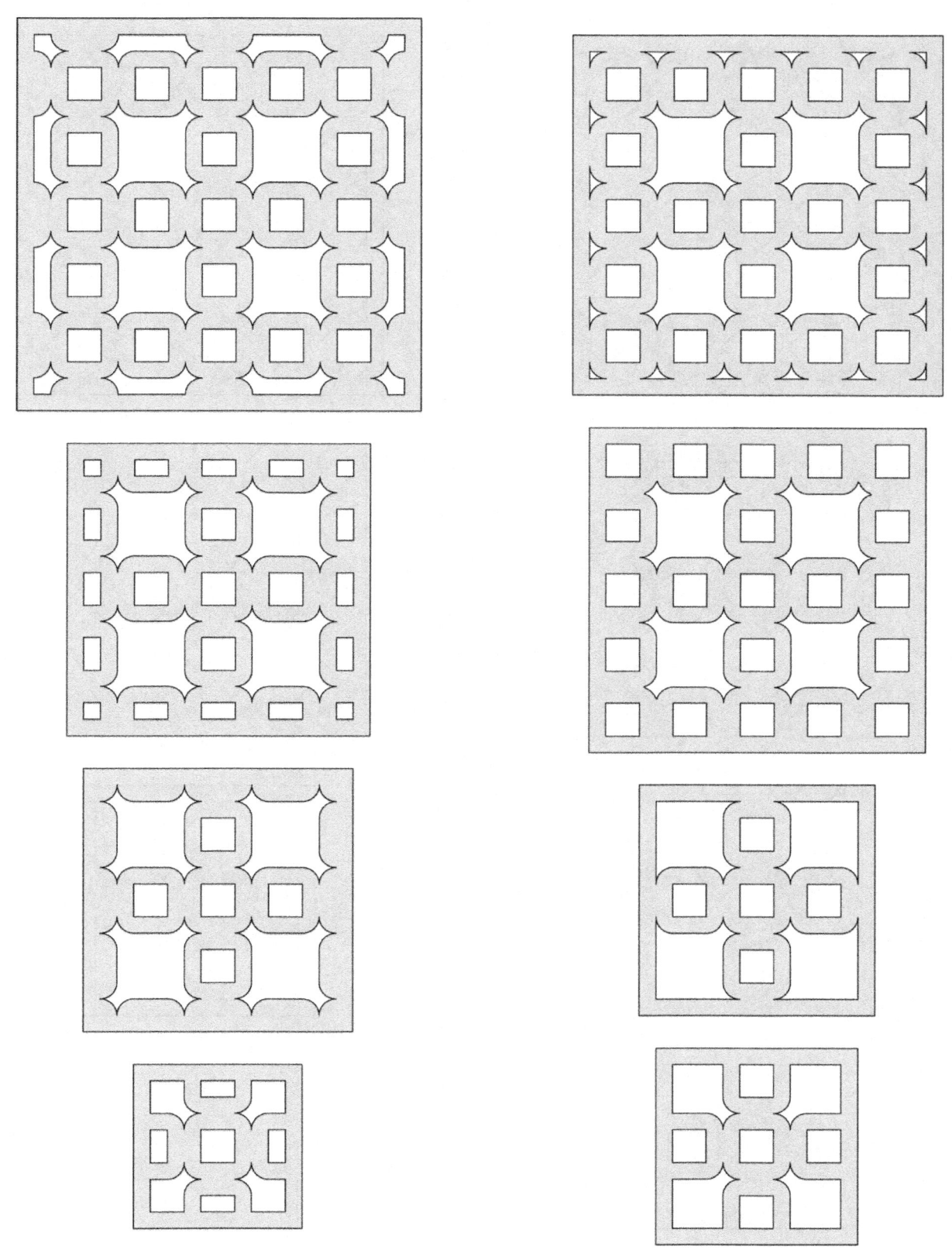

20

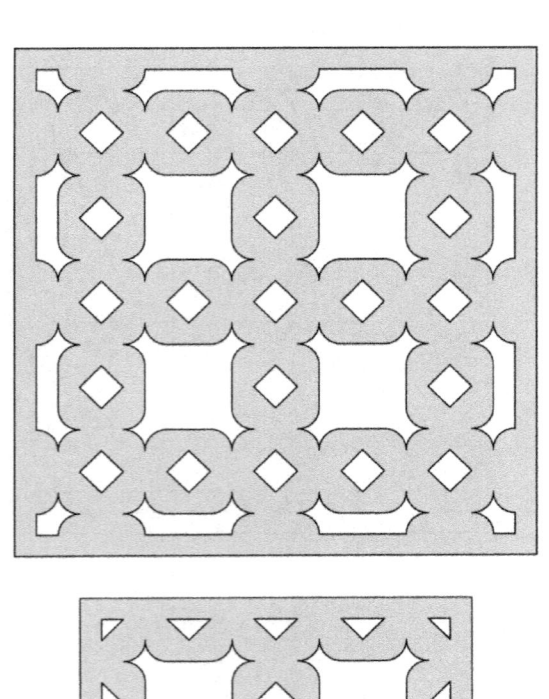

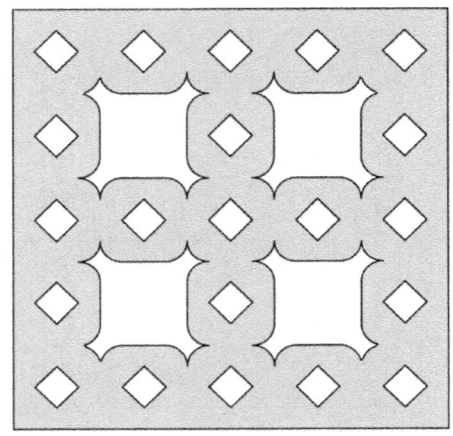

21

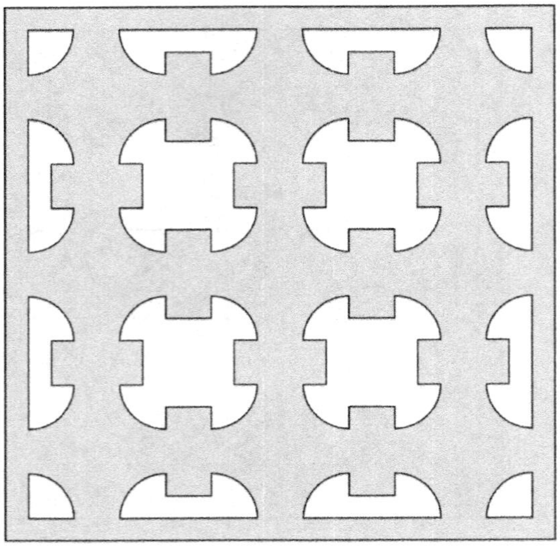
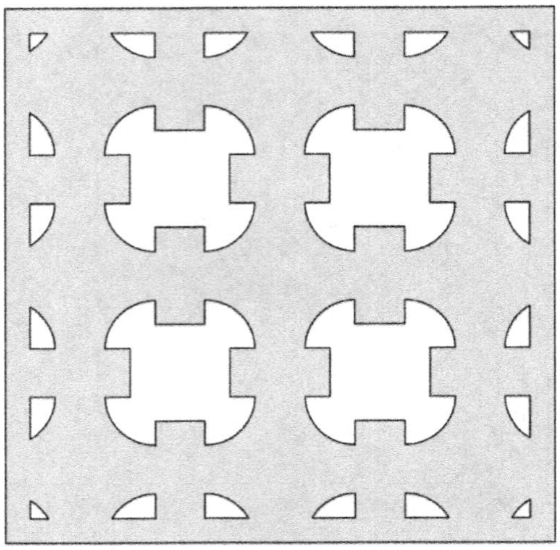
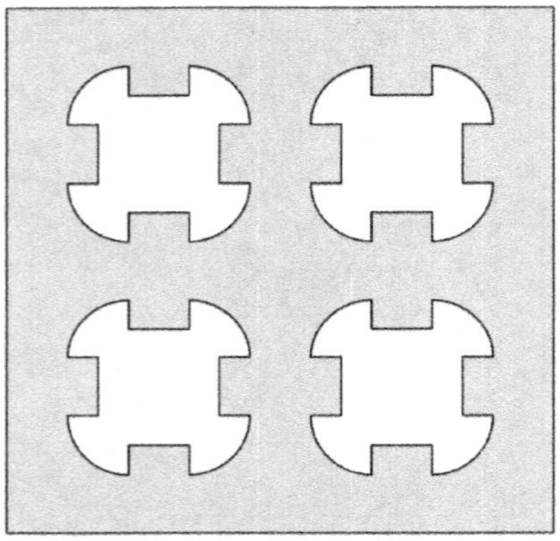
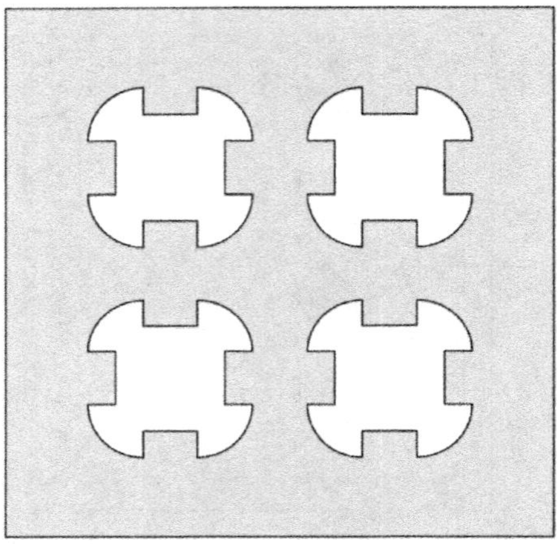
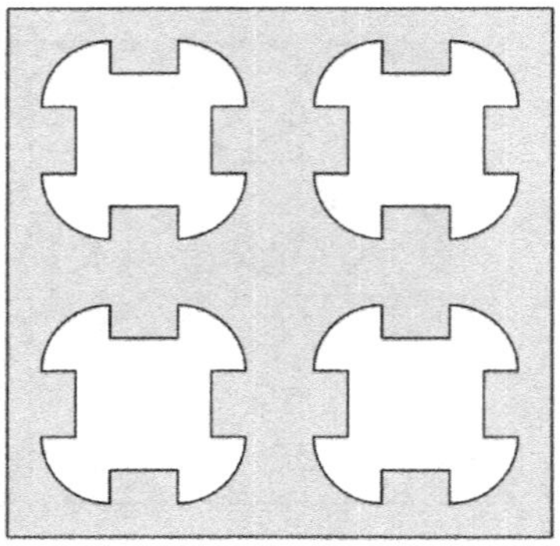
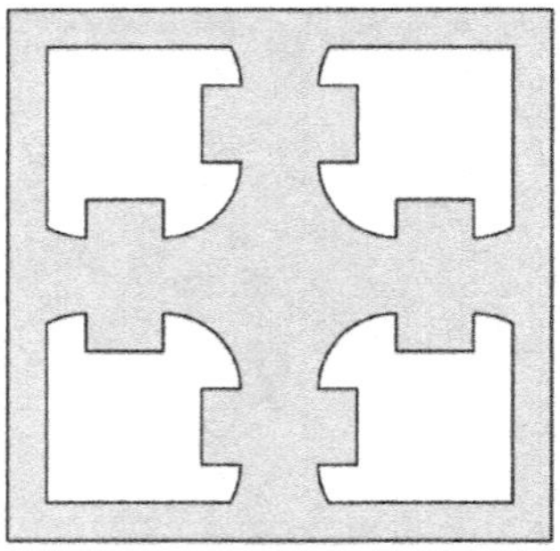
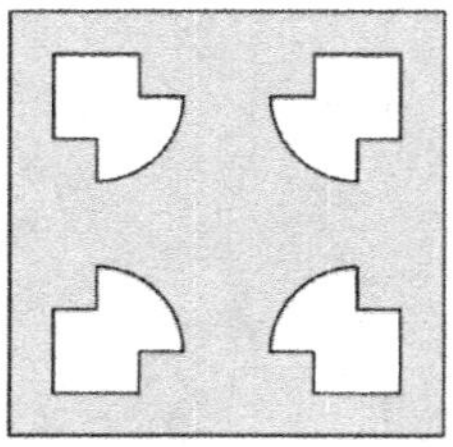
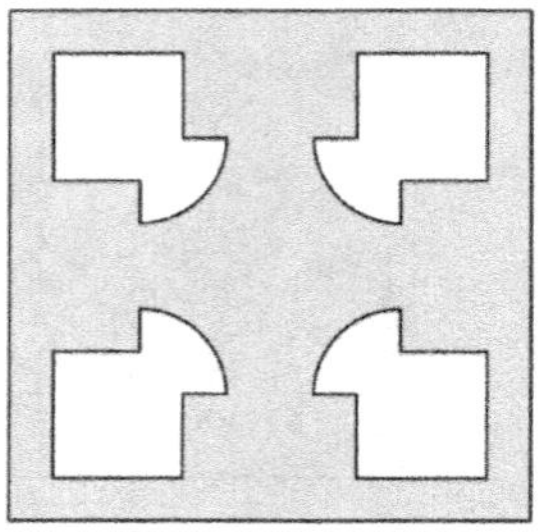

23

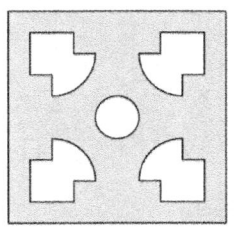

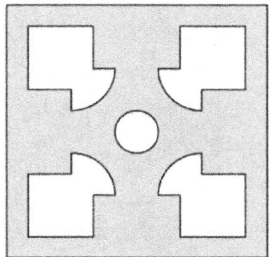

24

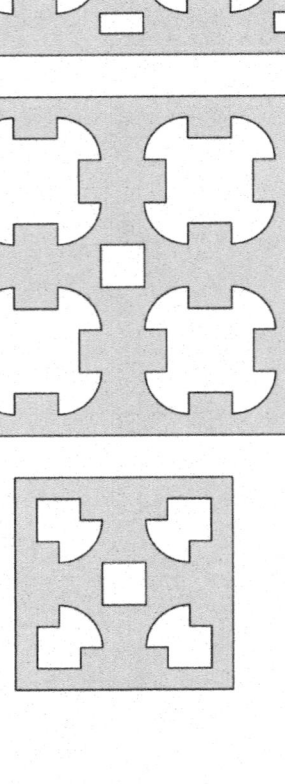

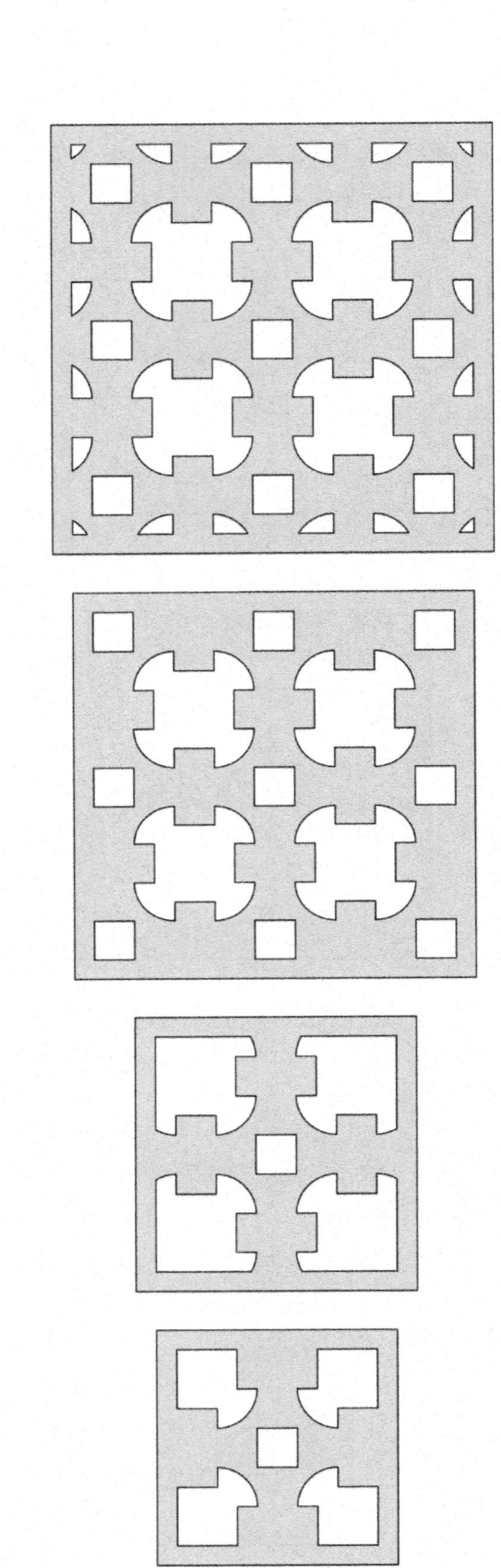

25

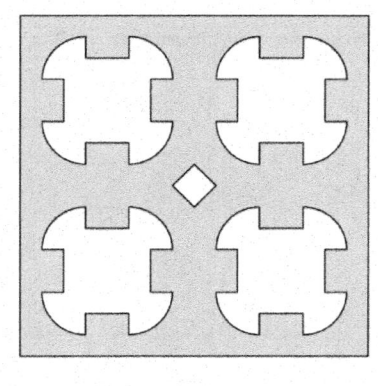

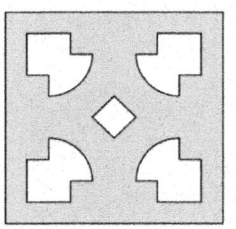

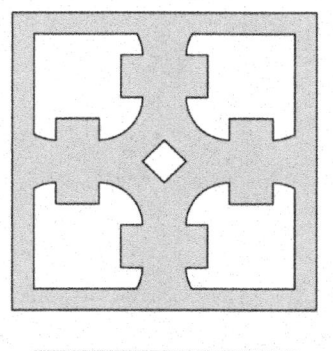

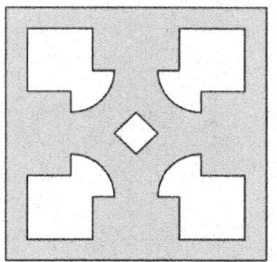

26

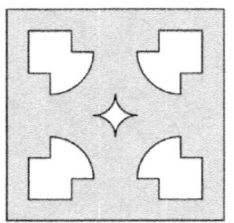

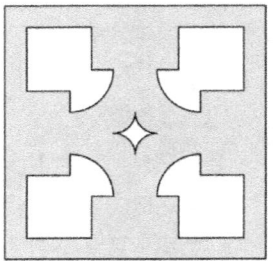

27

28

29

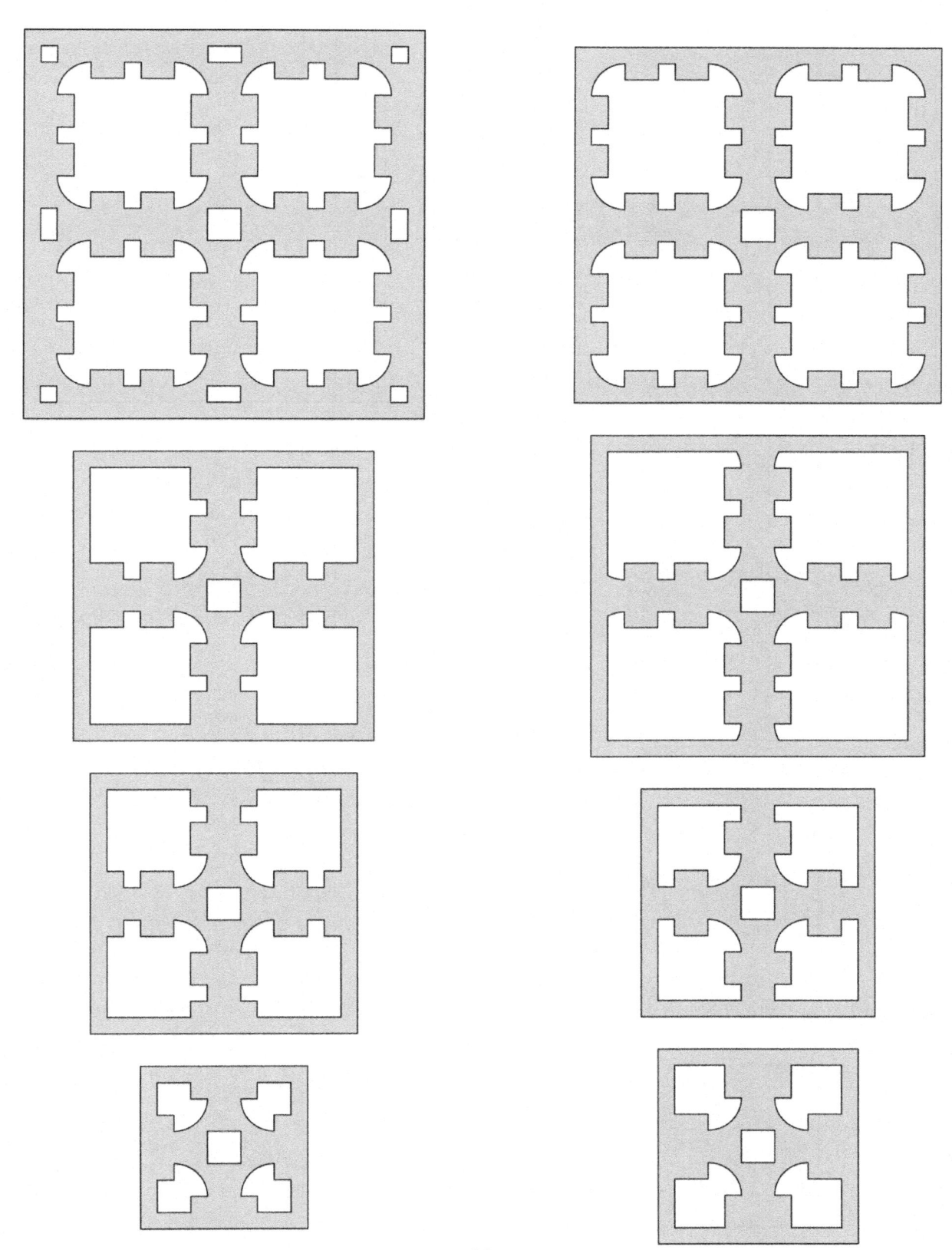

30

31

32

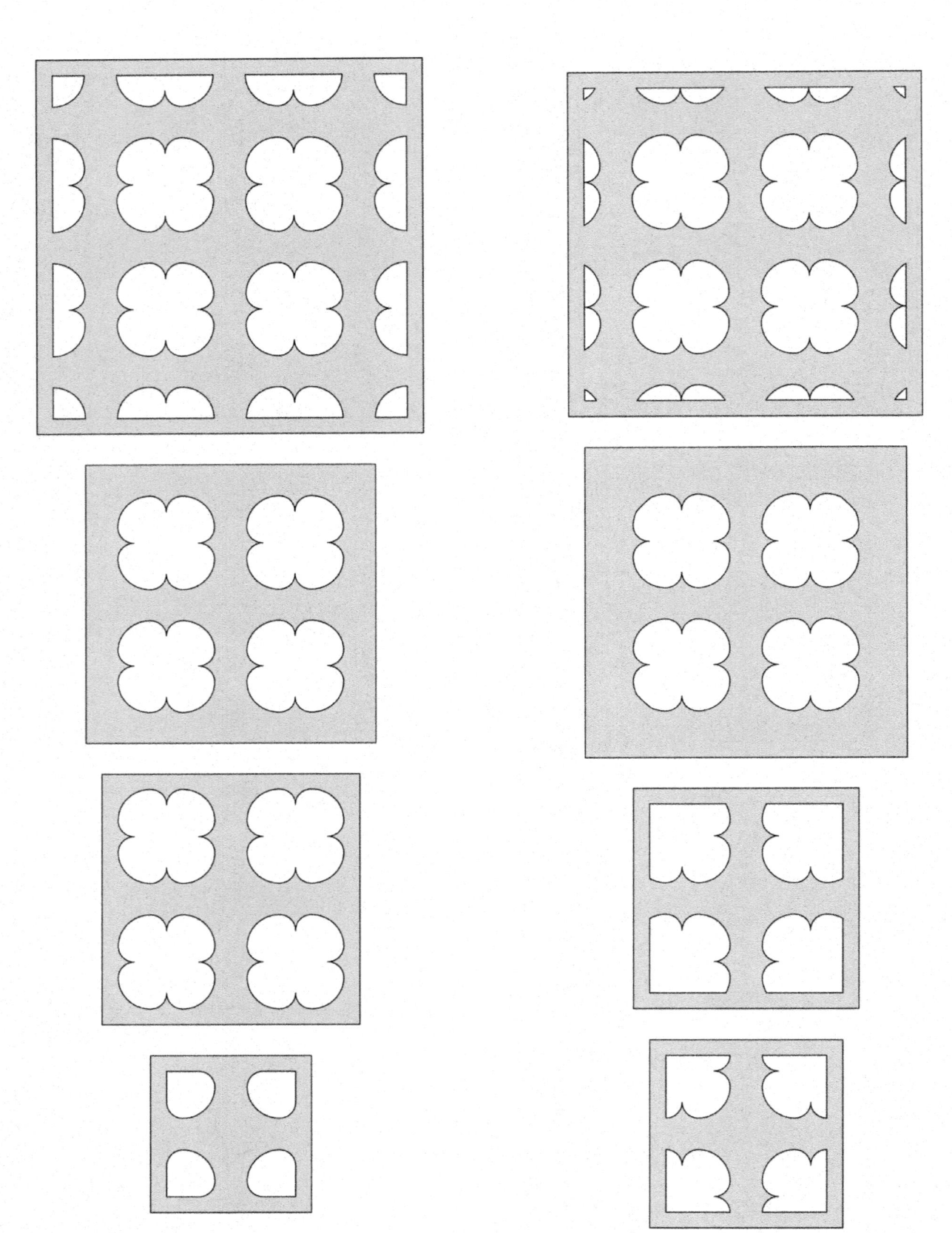

33

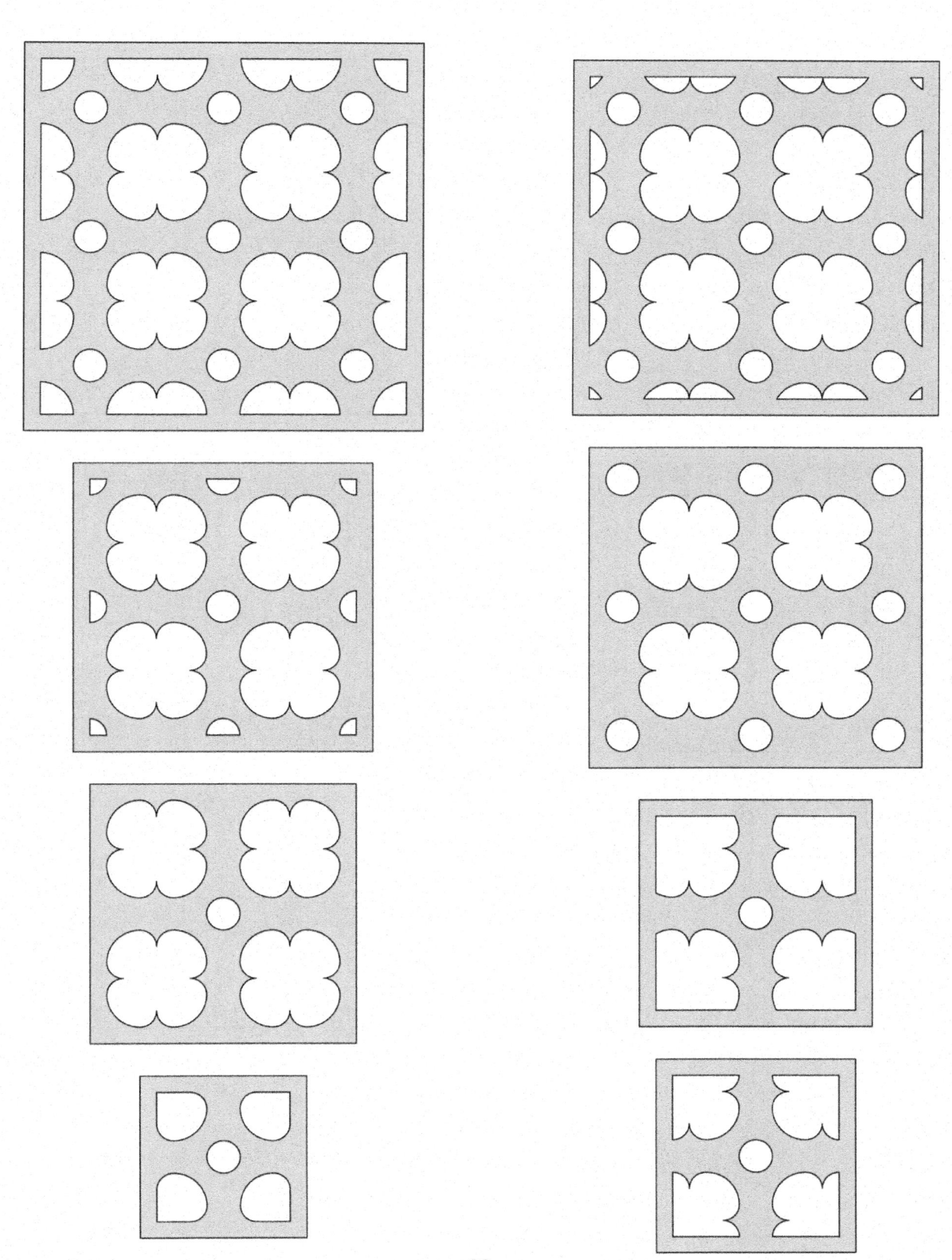

34

35

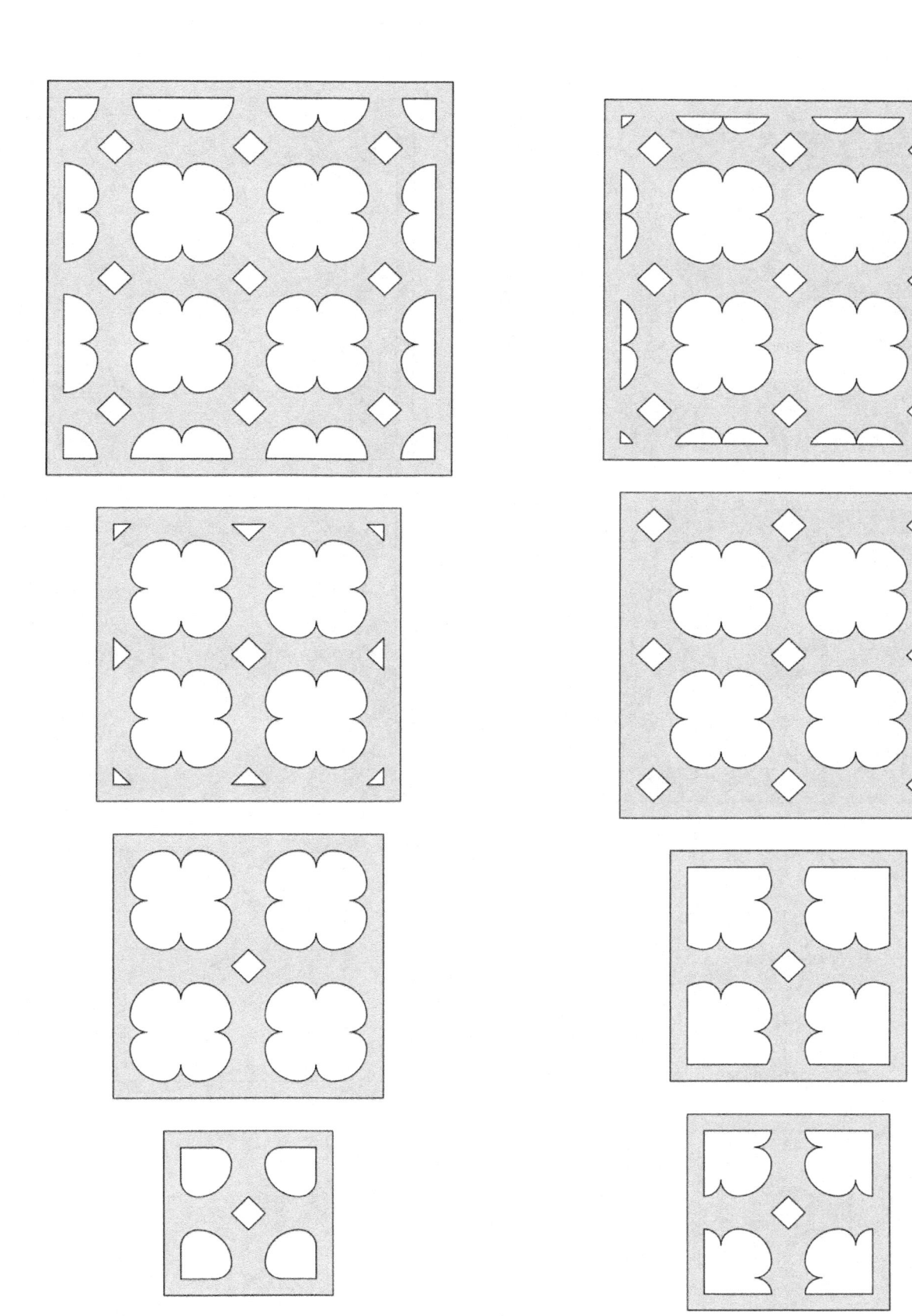

36

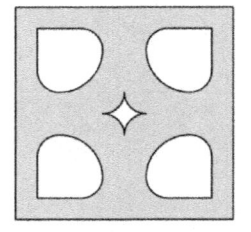

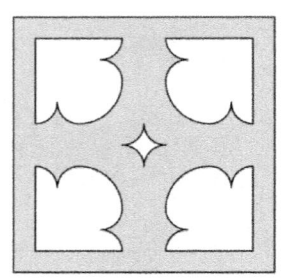

37

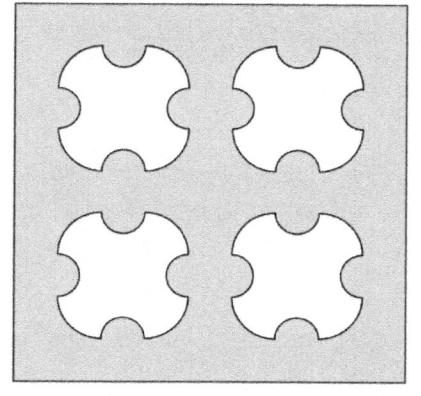

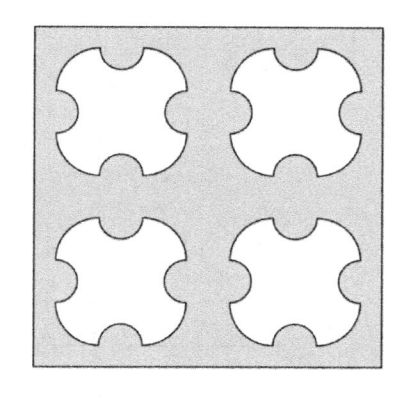

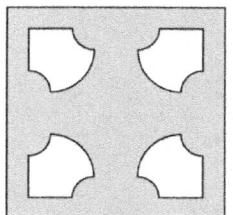

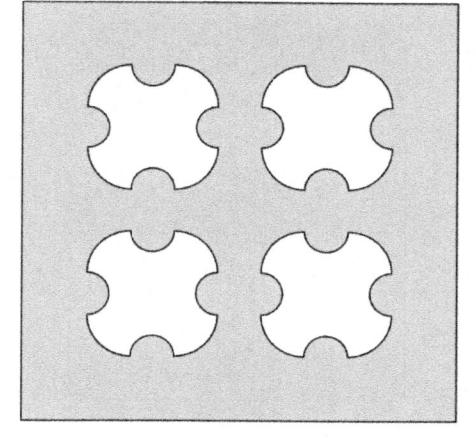

38

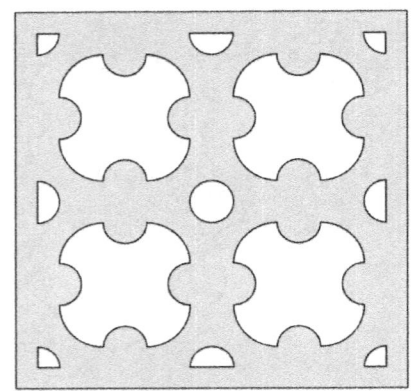

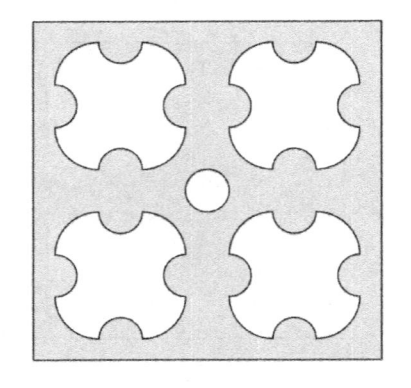

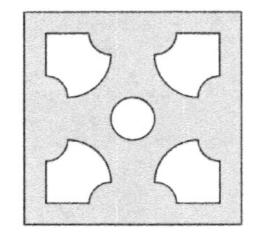

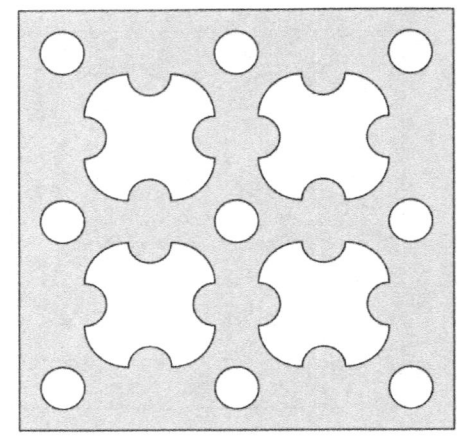

39

40

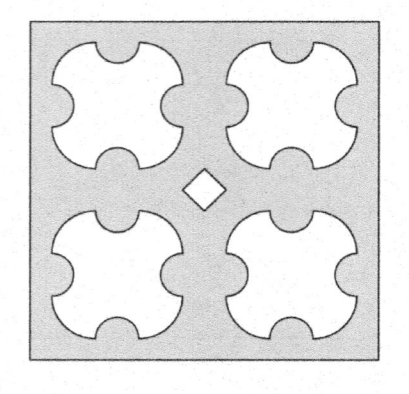

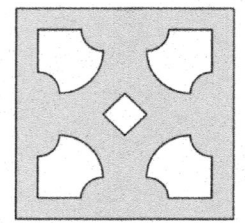

41

42

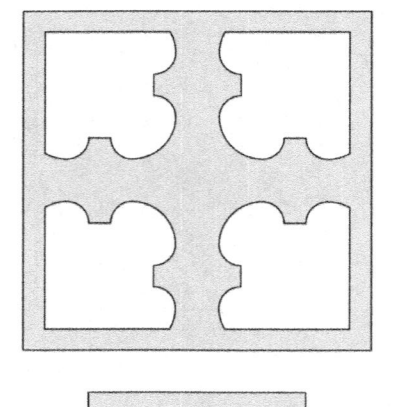

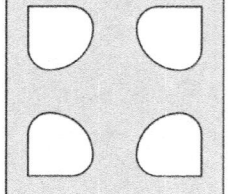

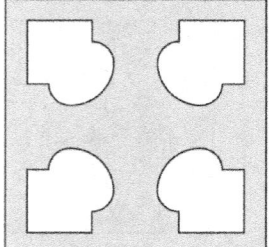

43

44

45

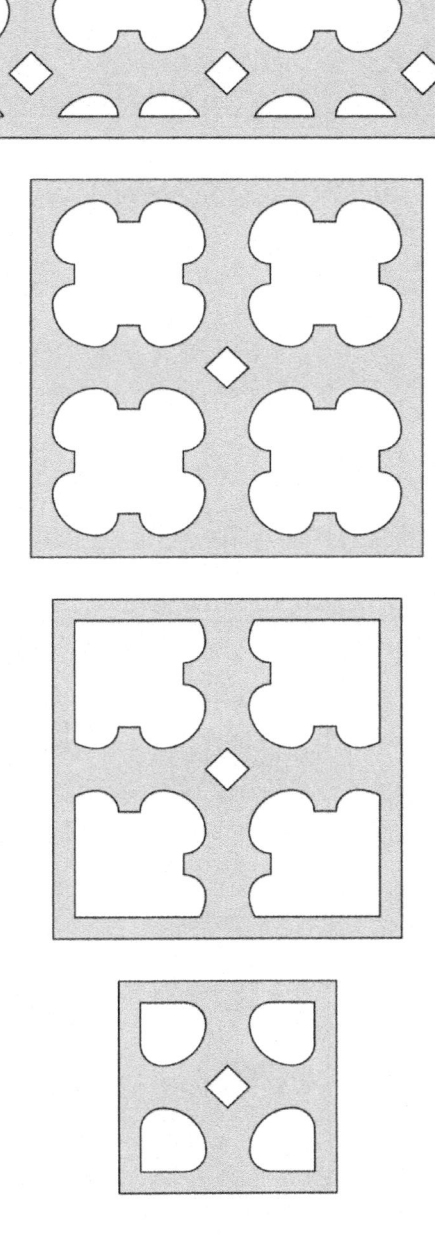

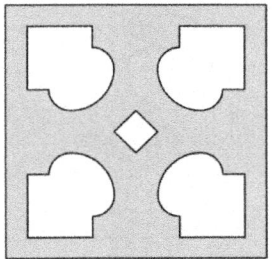

46

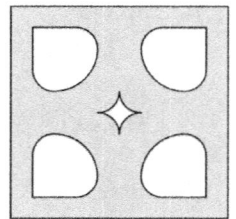

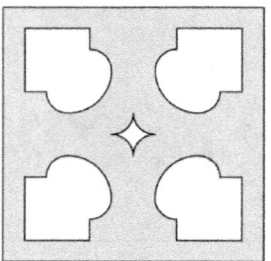

47

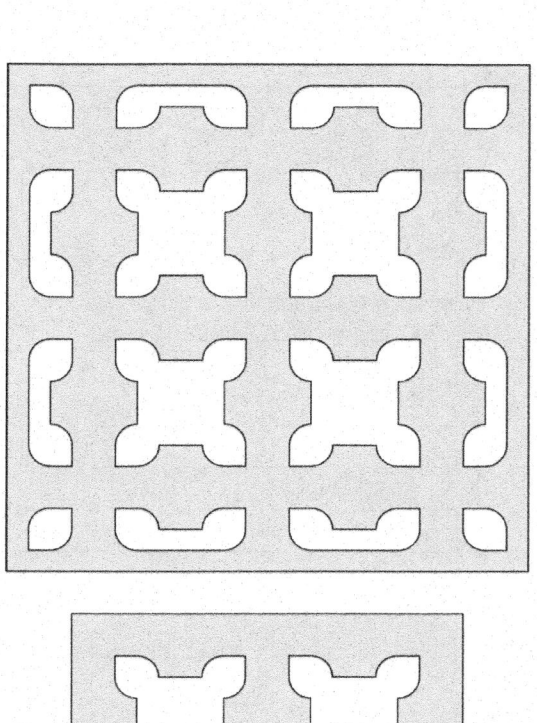

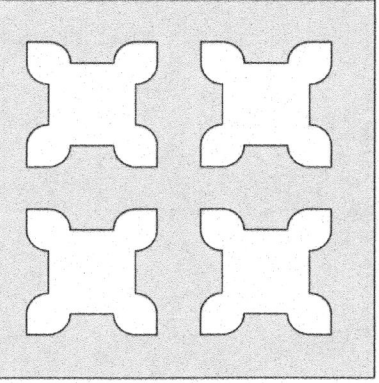

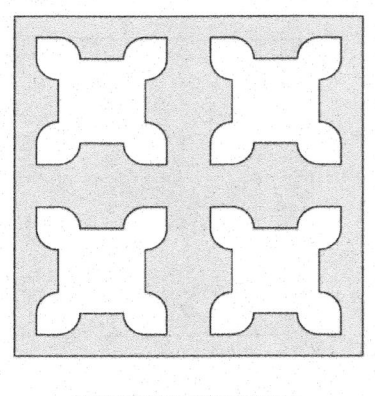

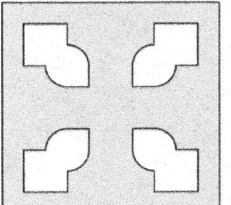

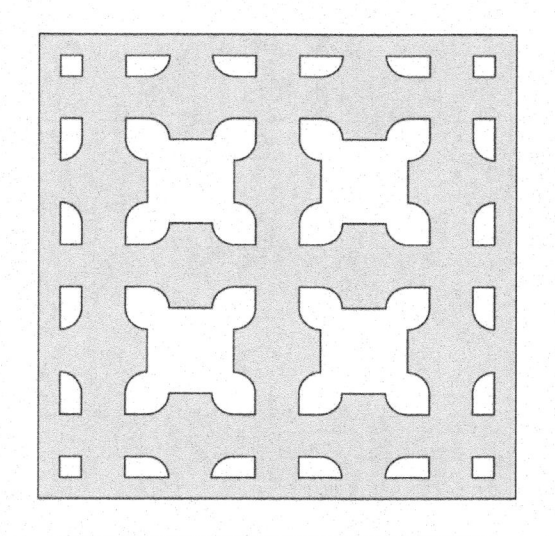

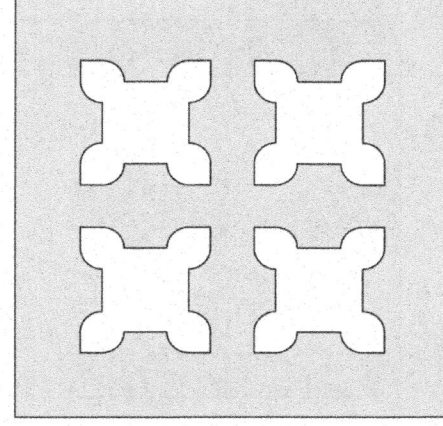

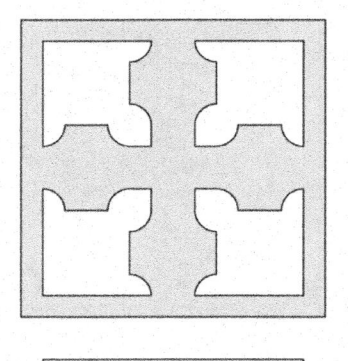

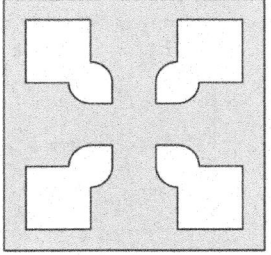

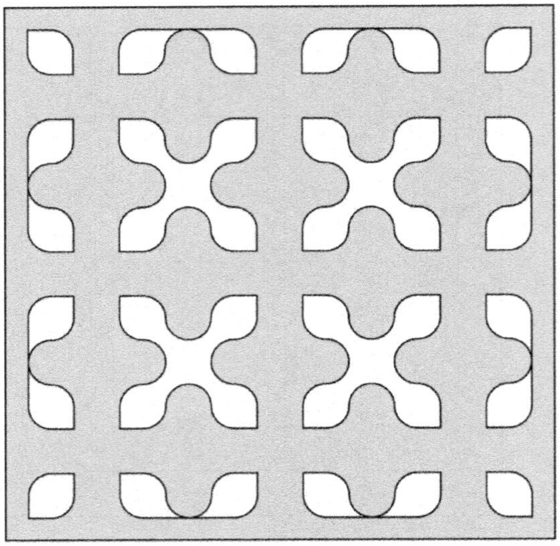
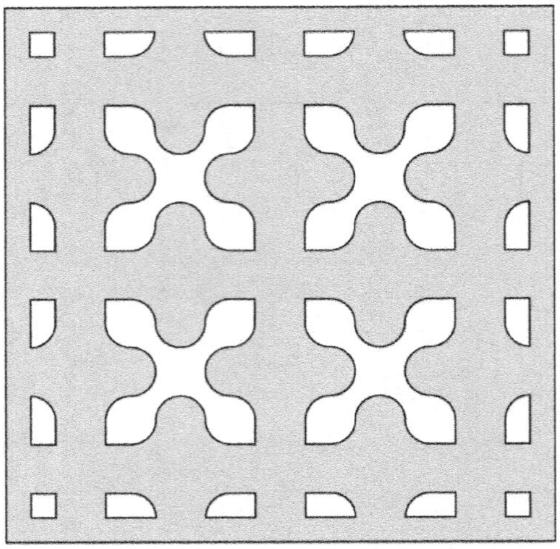
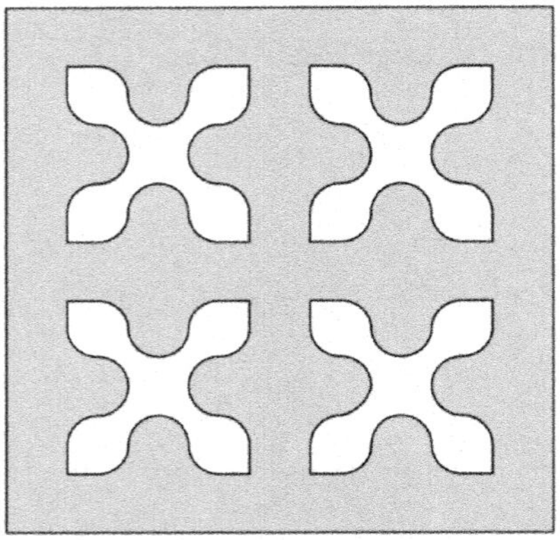
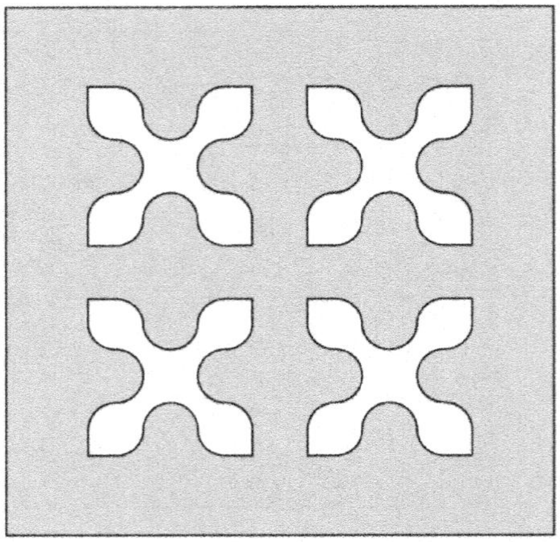
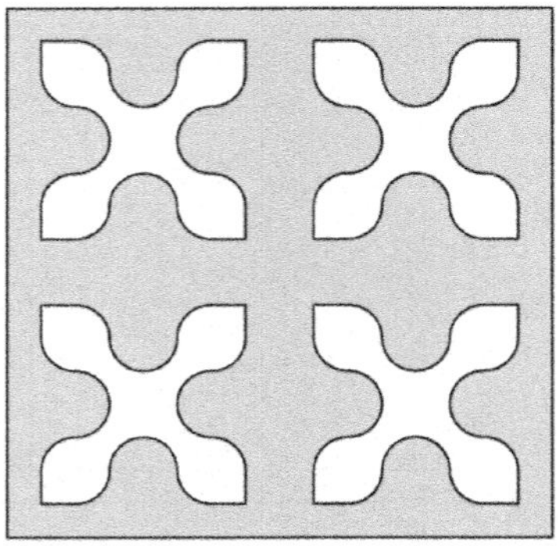
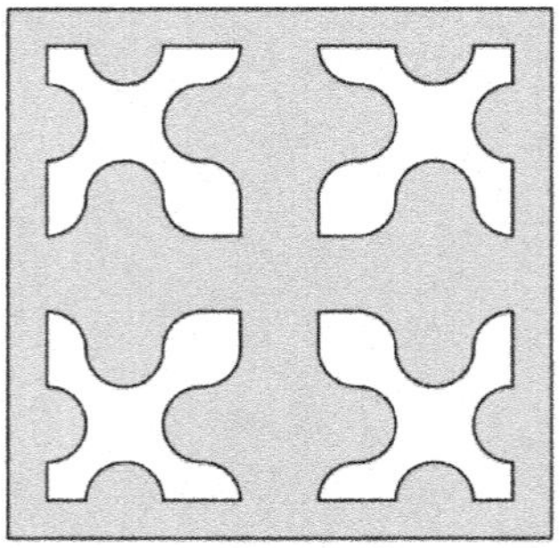
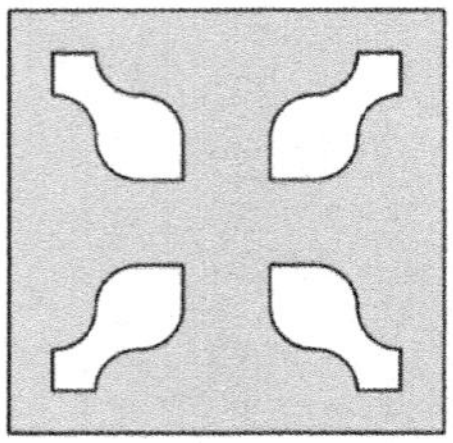
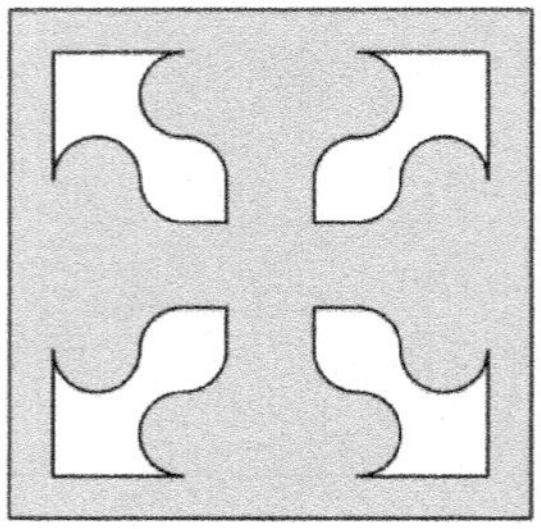

49

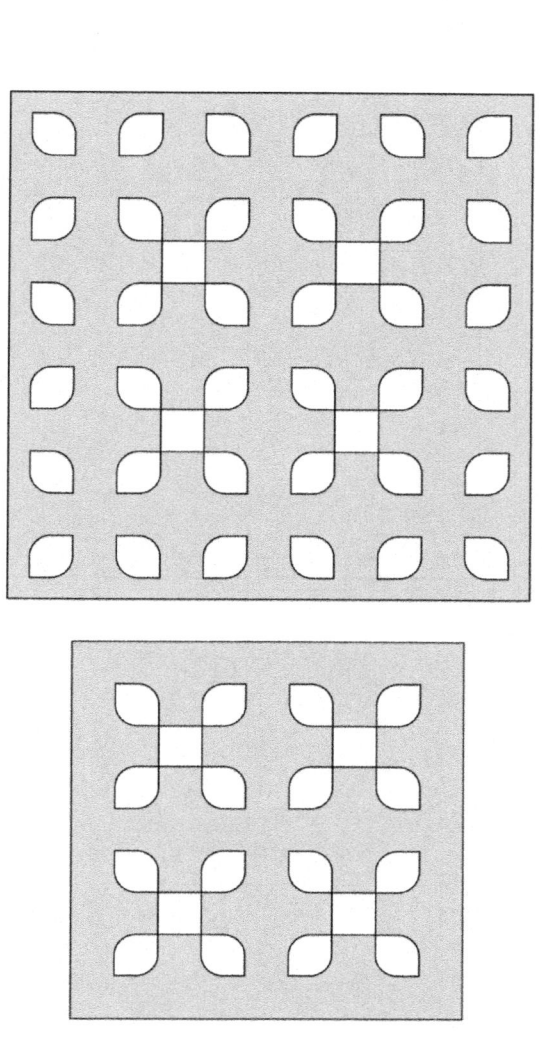

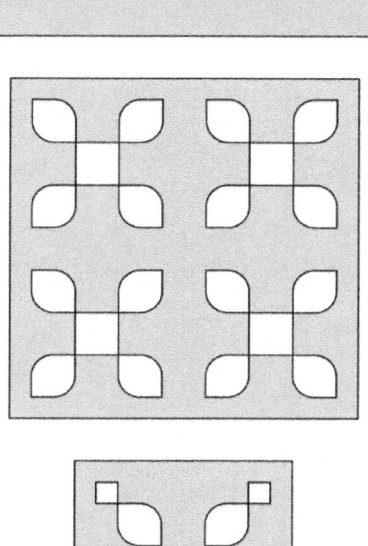

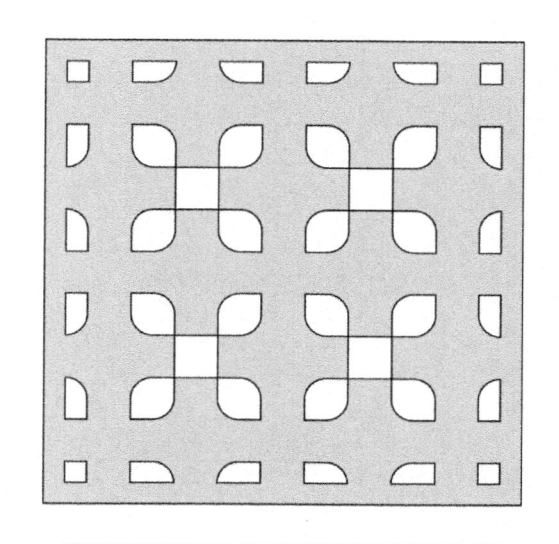

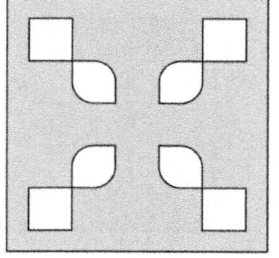

50

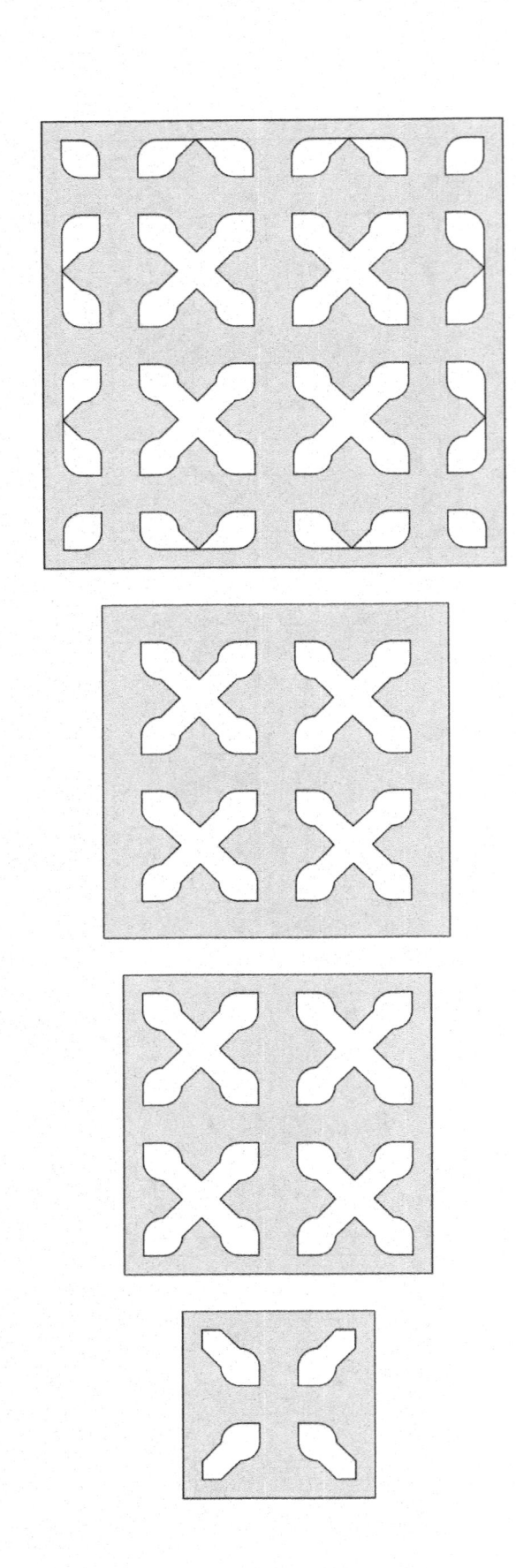

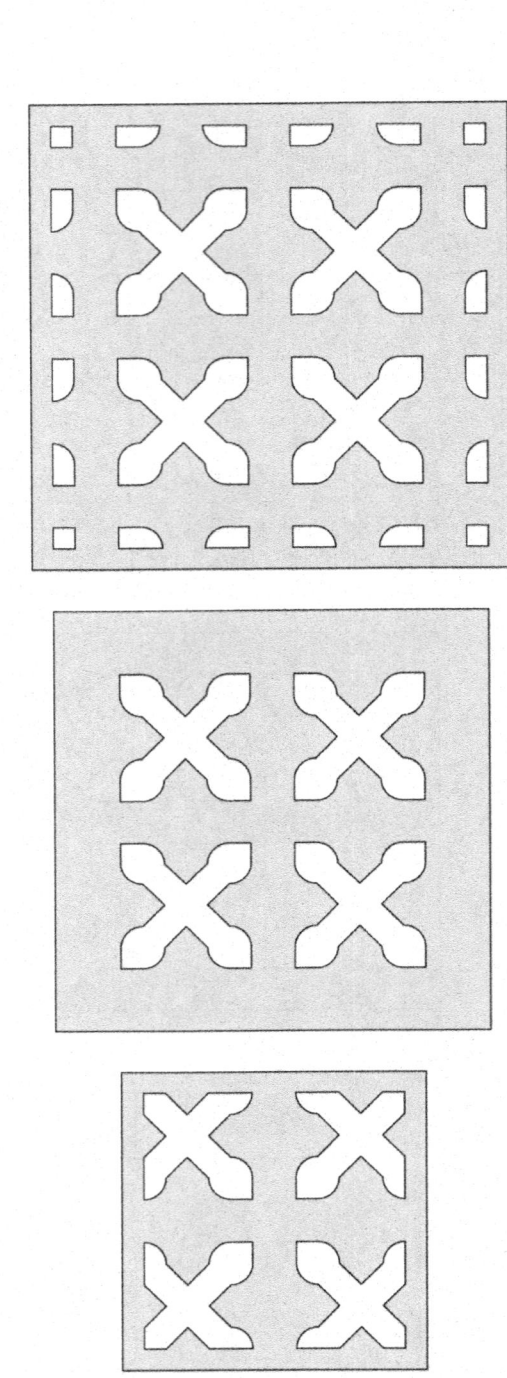

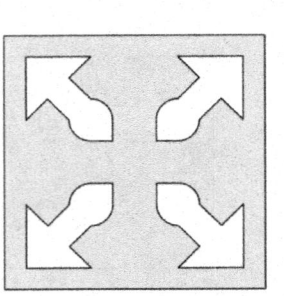

51

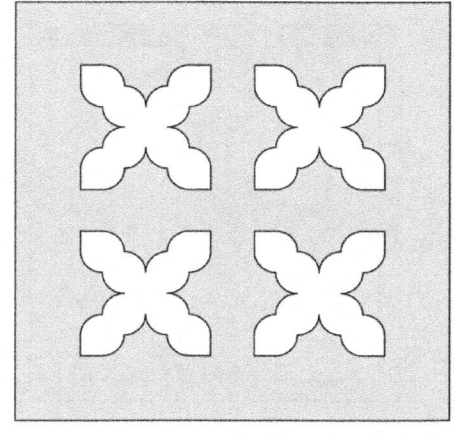

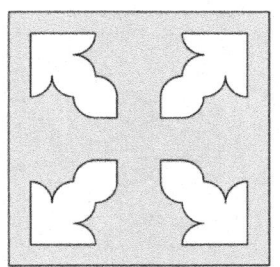

52

53

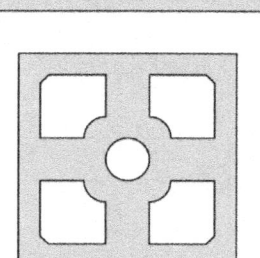

54

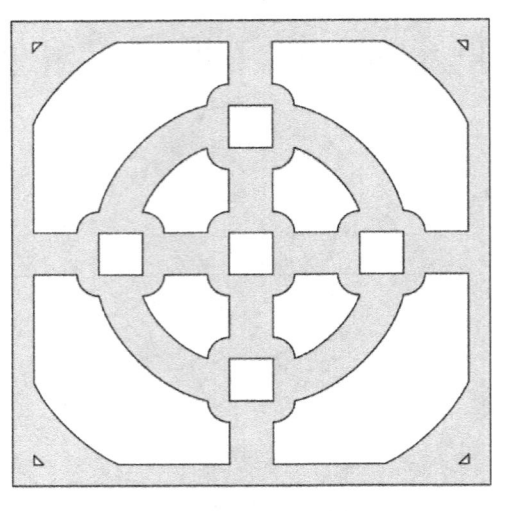

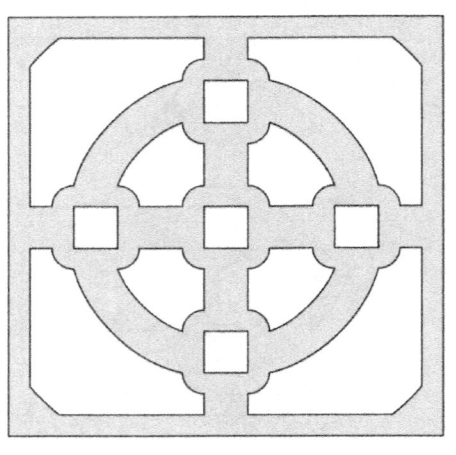

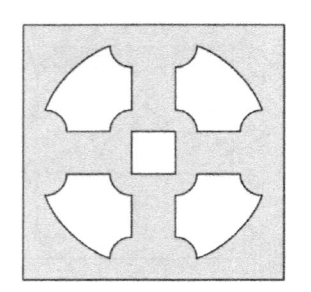

55

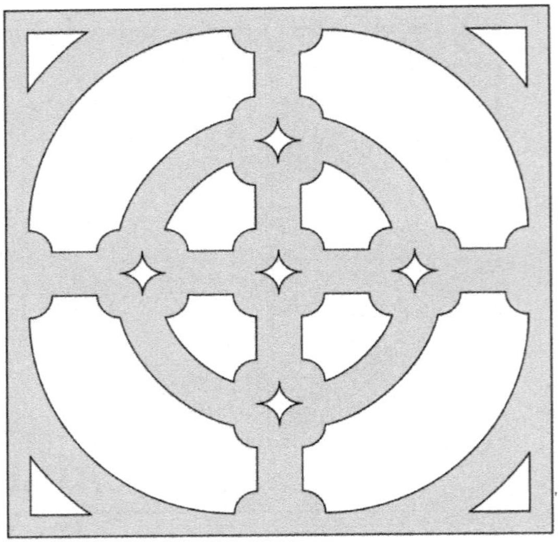
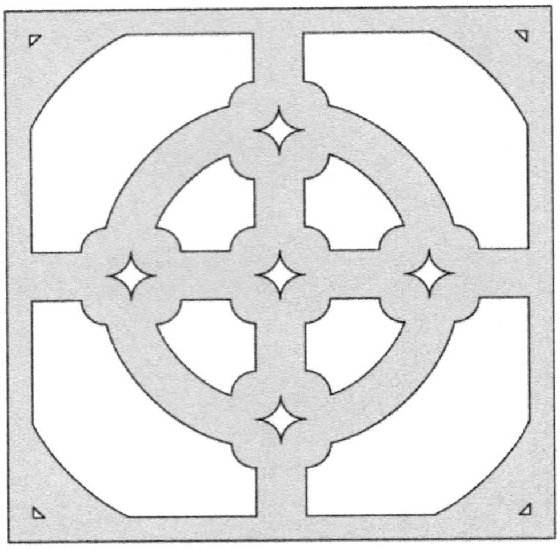
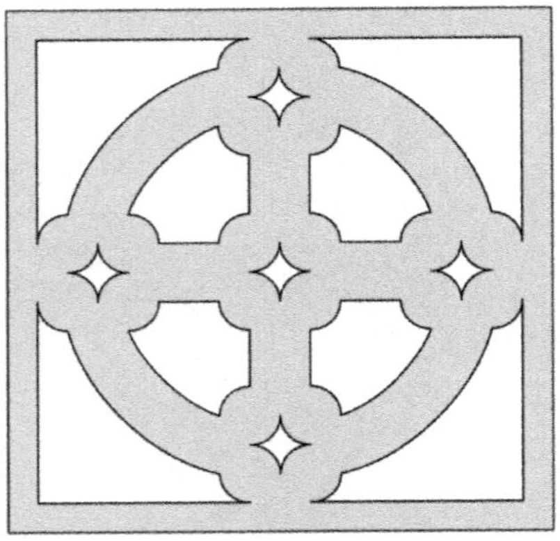
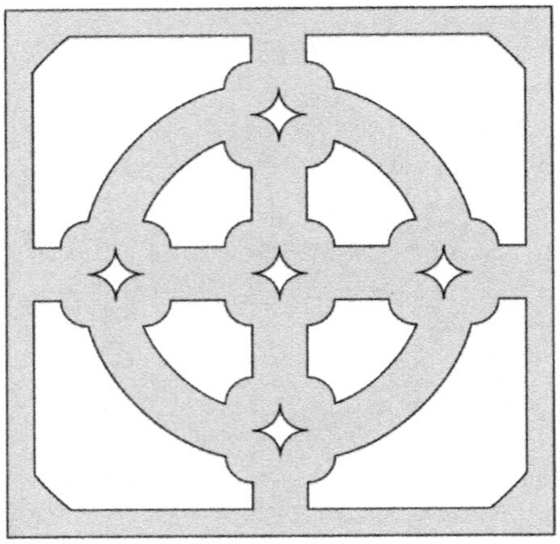
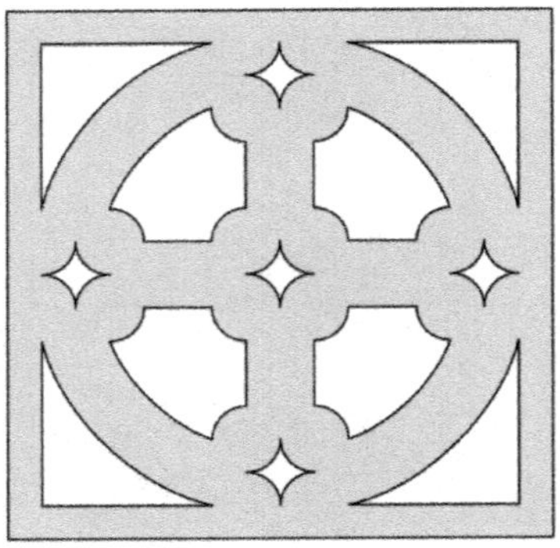
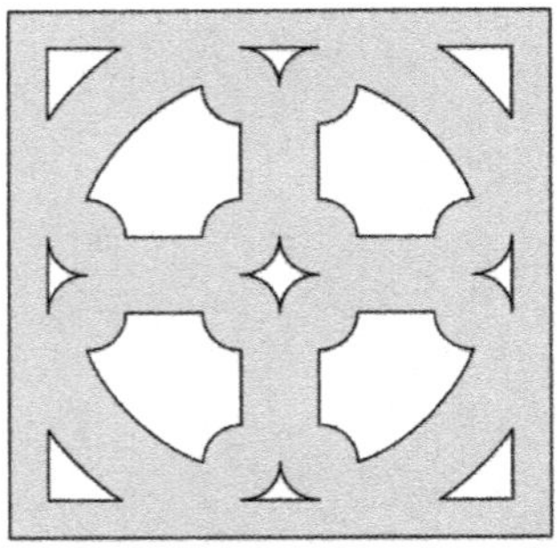
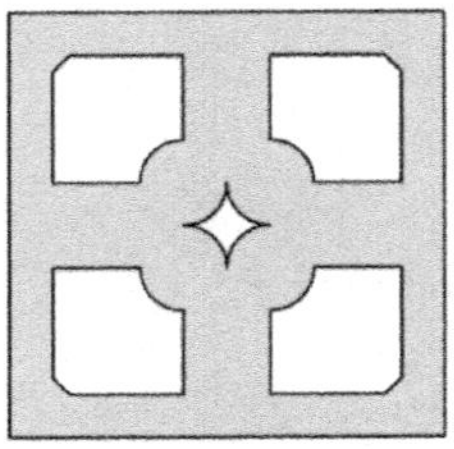
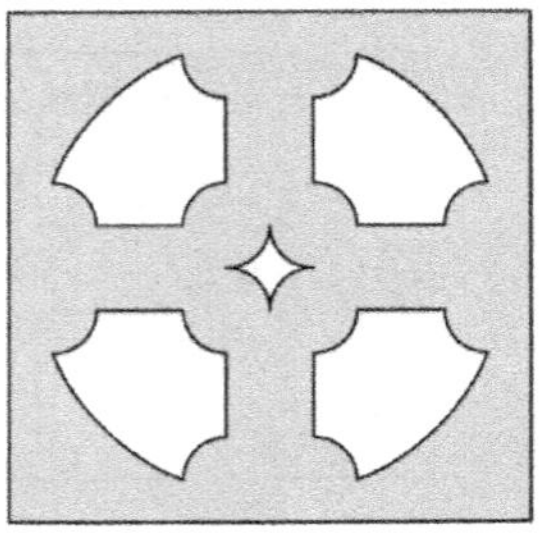

57

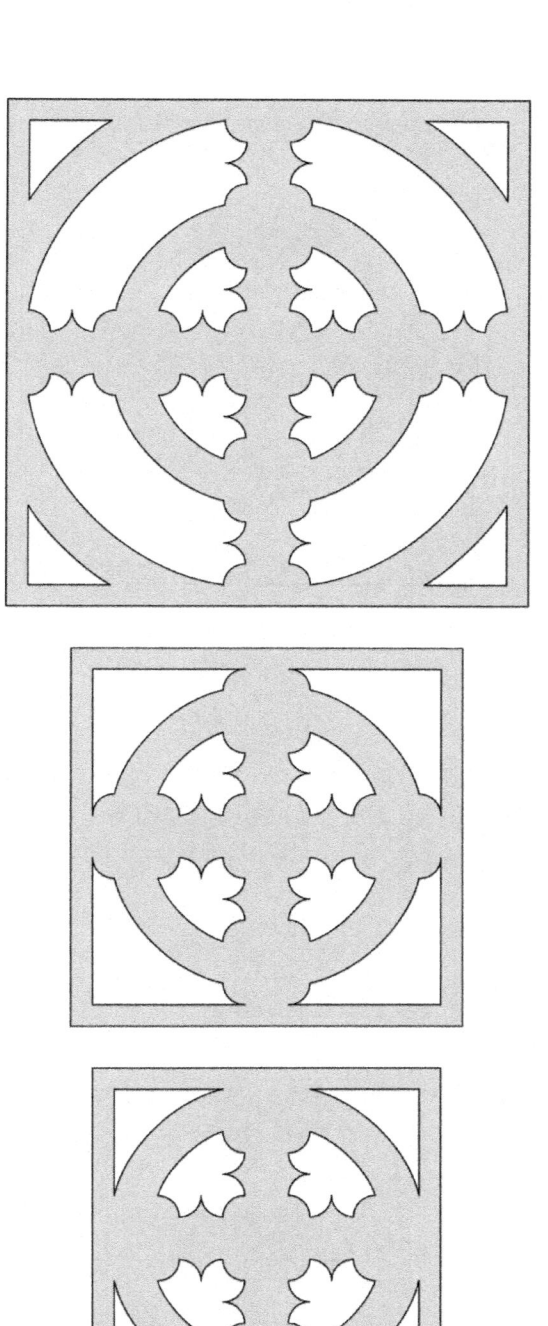

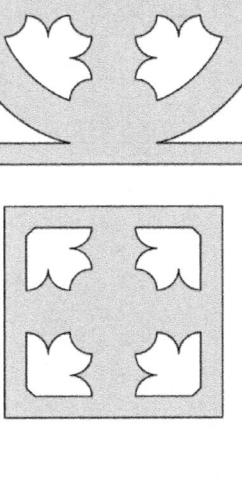

58

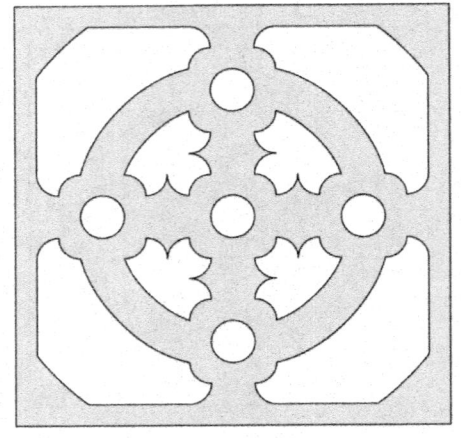

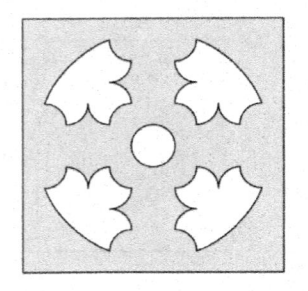

59

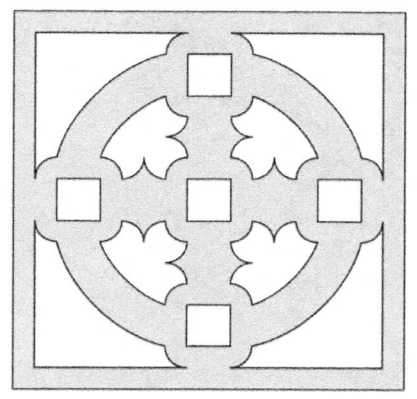

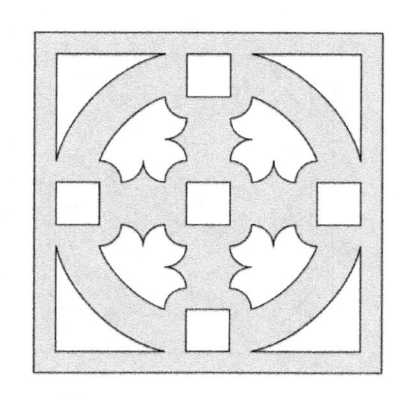

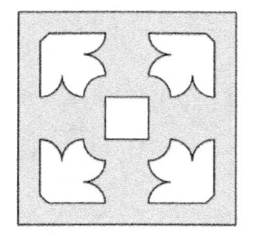

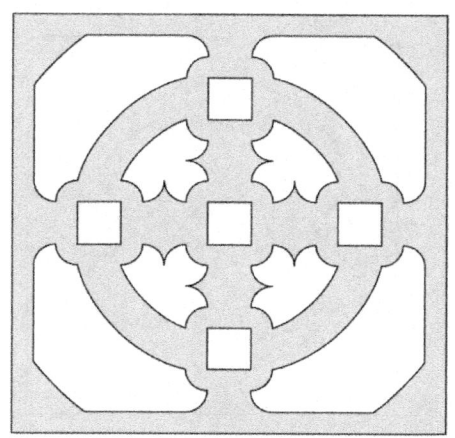

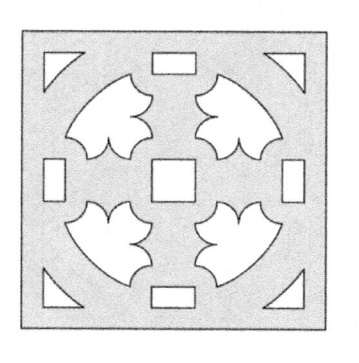

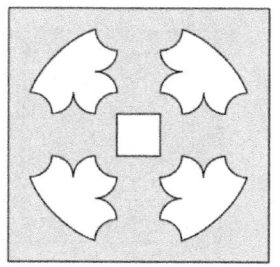

60

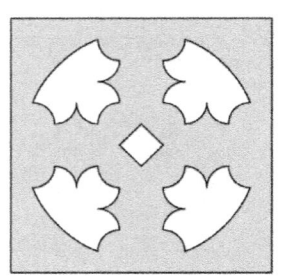

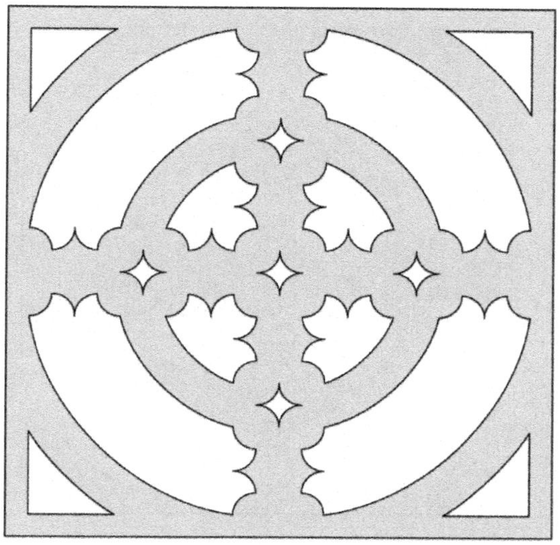
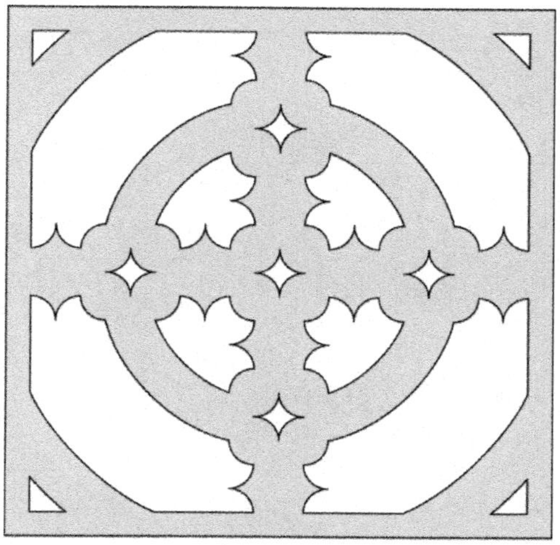
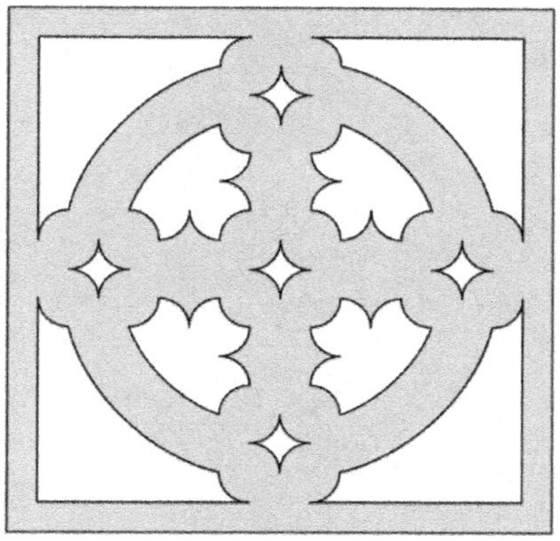
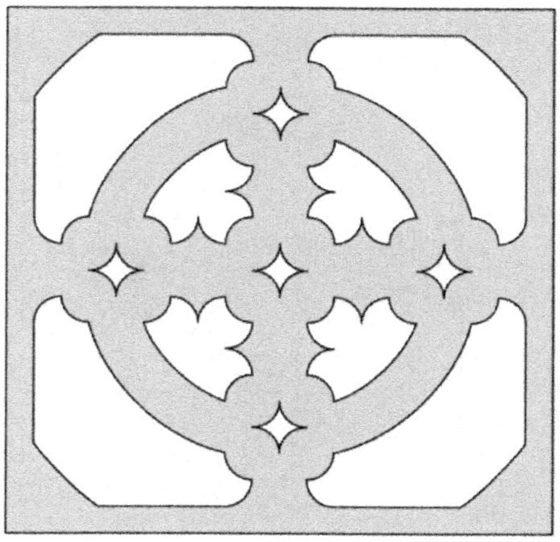
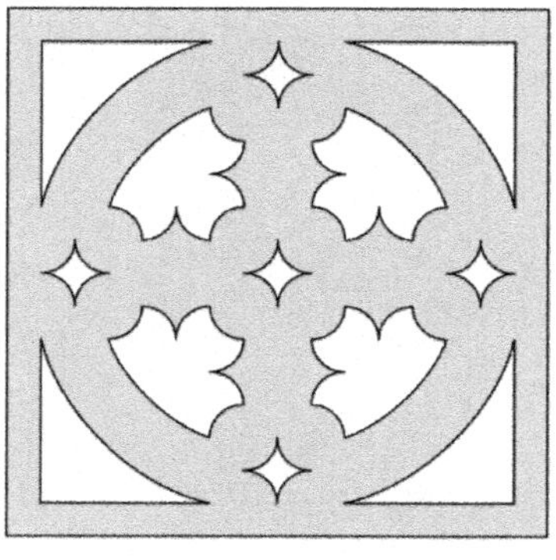
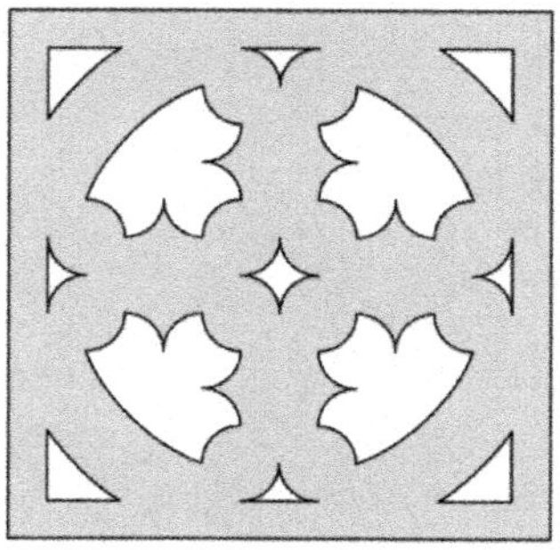
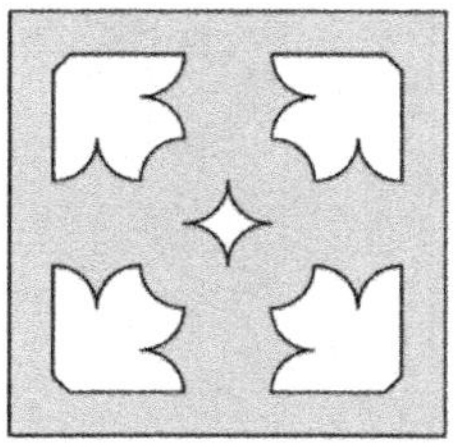
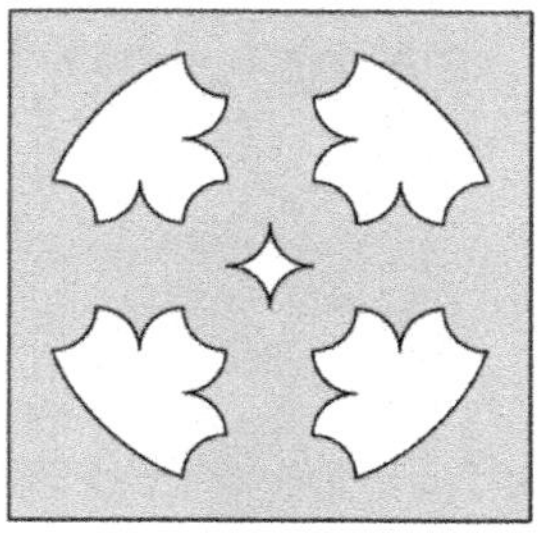

62

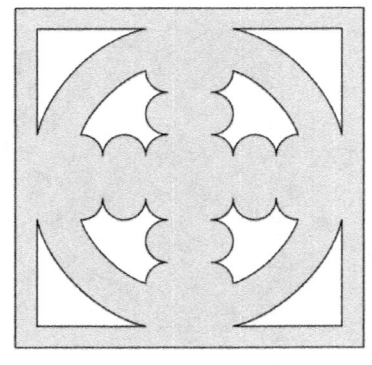

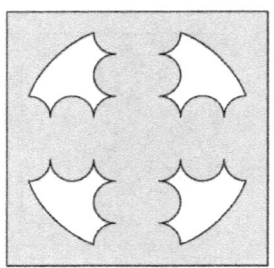

63

64

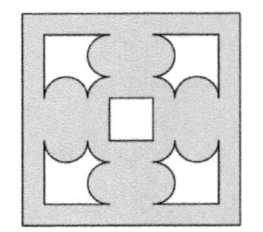

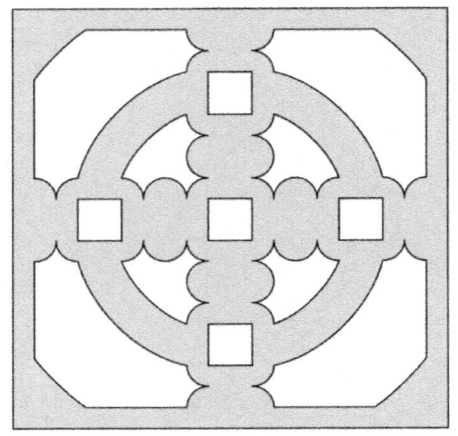

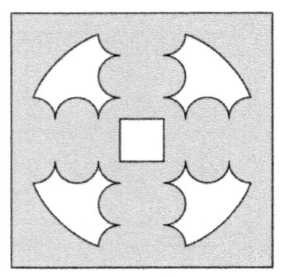

65

66

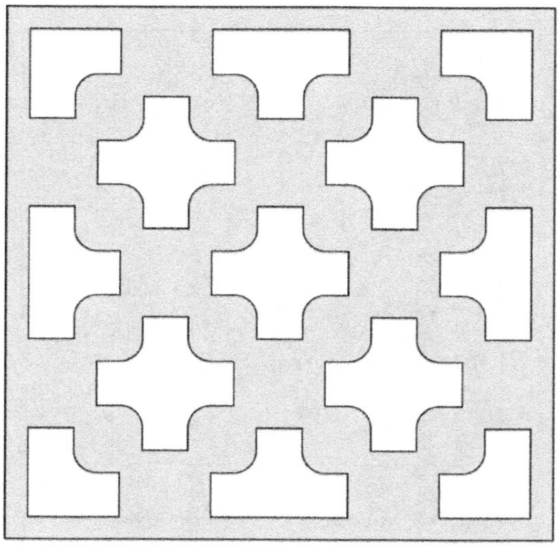

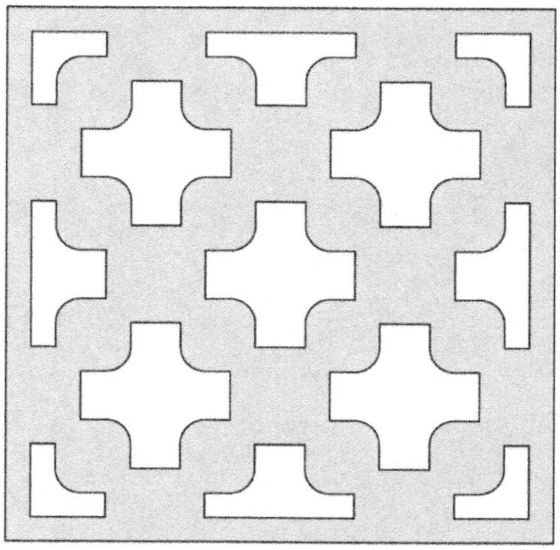

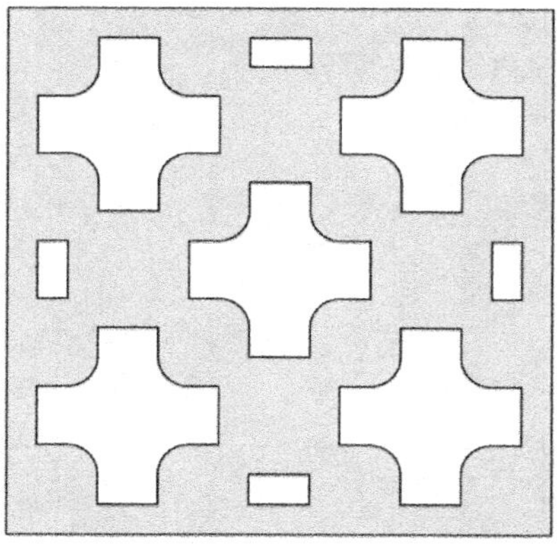

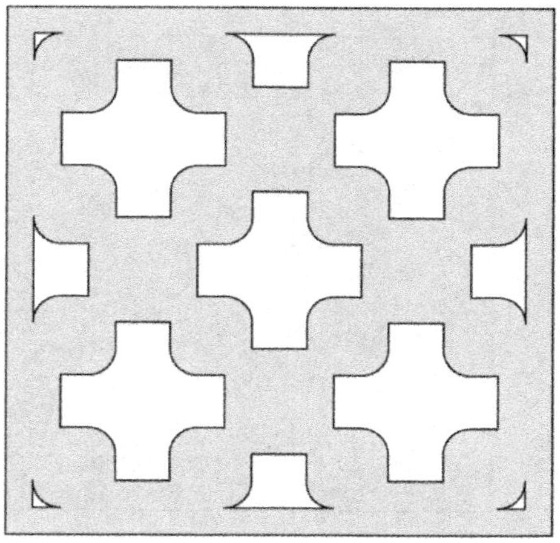

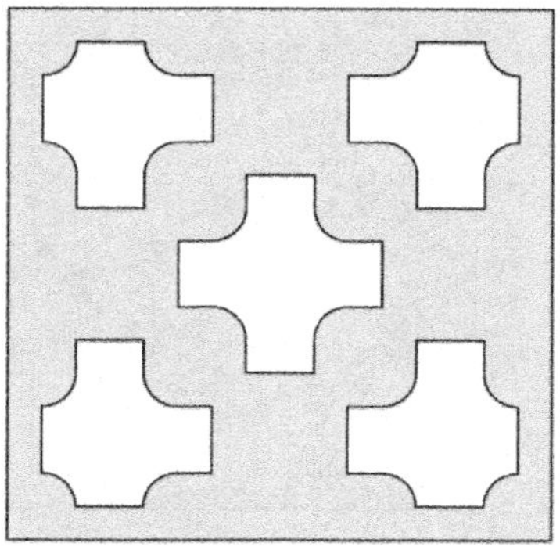

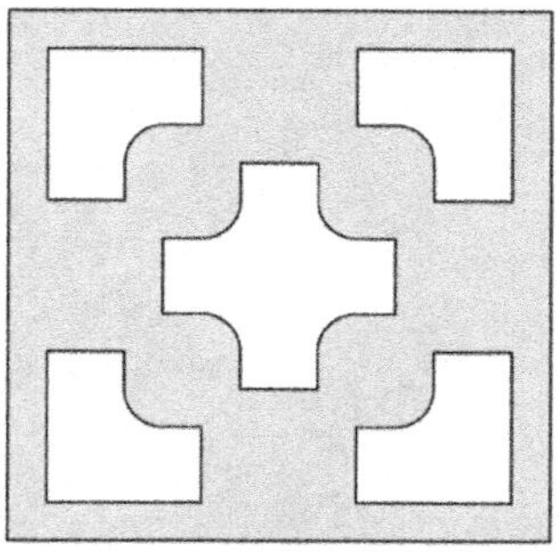

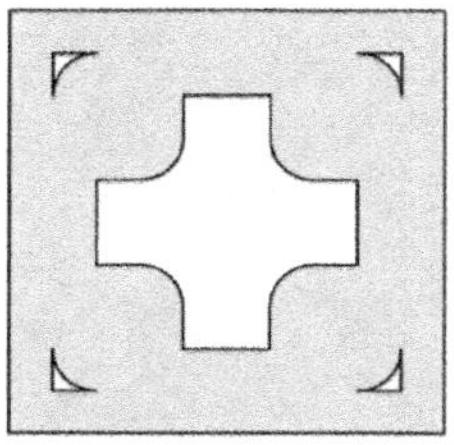

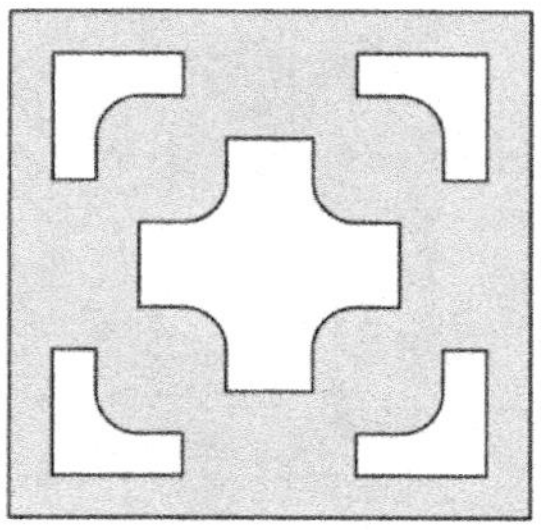

68

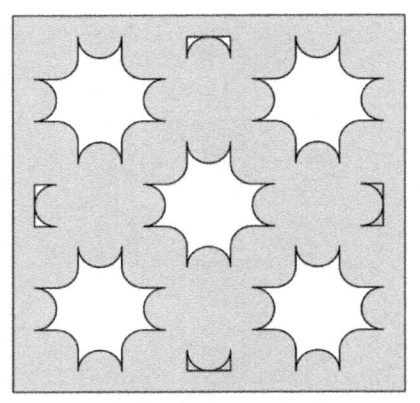

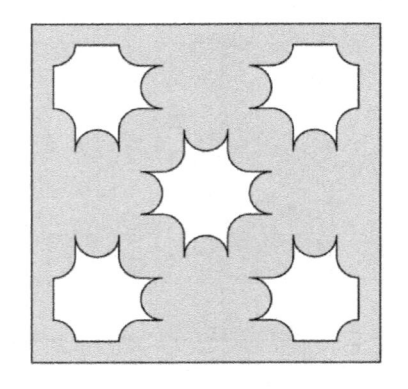

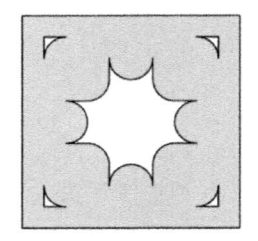

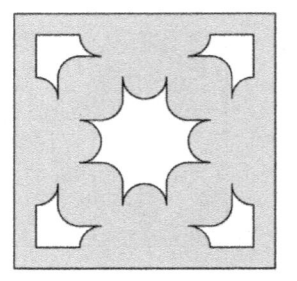

69

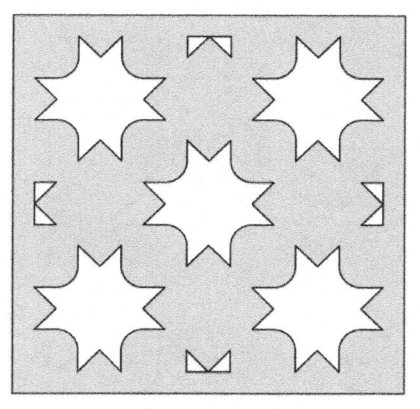

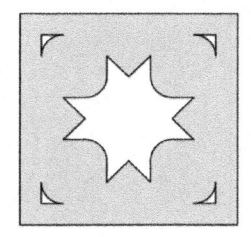

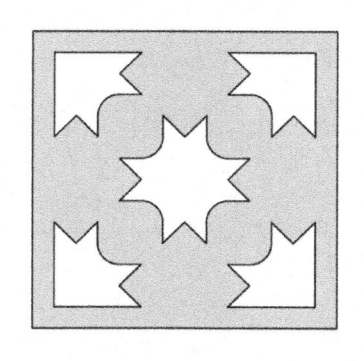

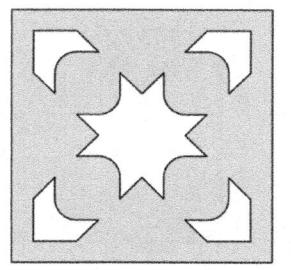

70

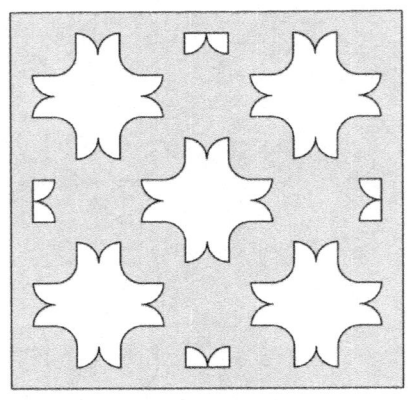

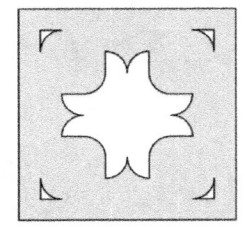

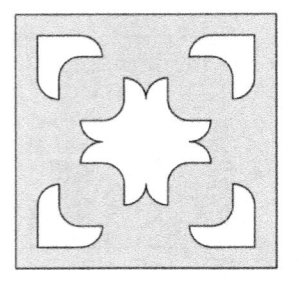

71

72

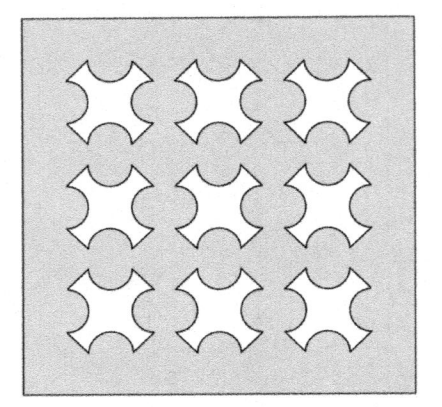

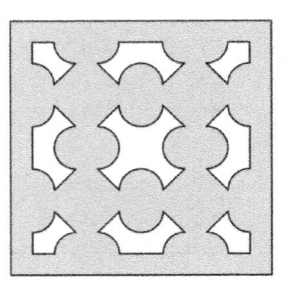

73

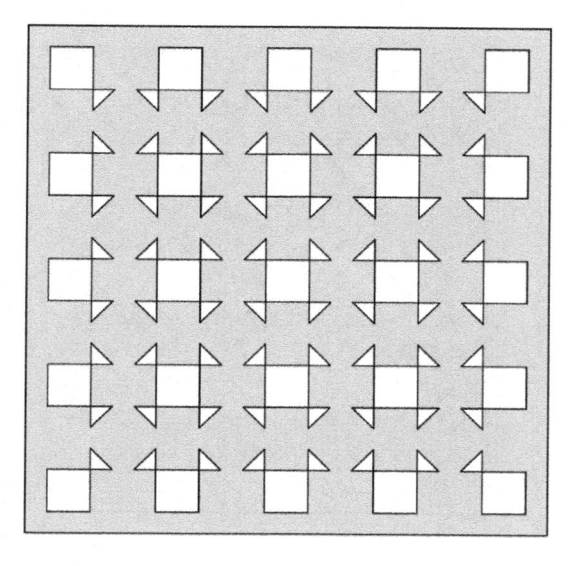

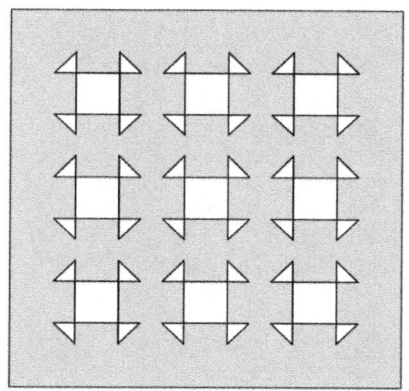

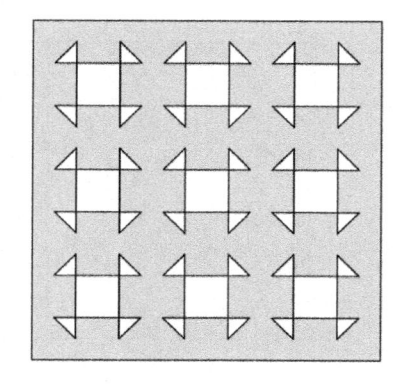

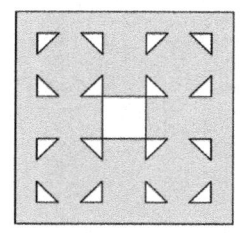

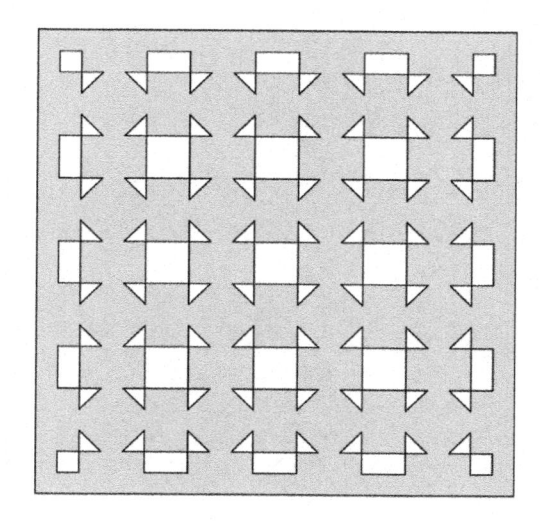

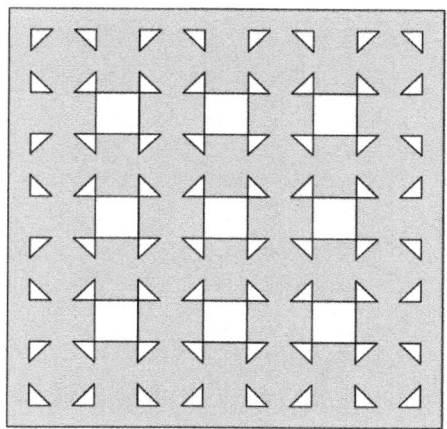

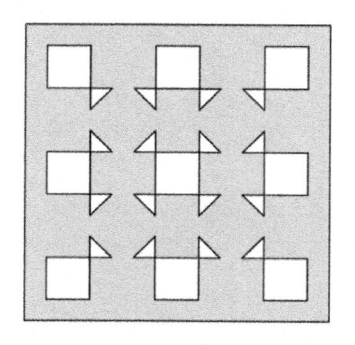

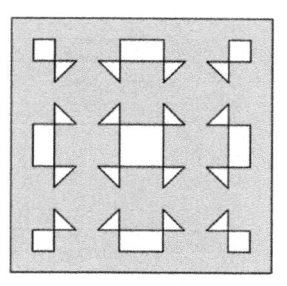

74

75

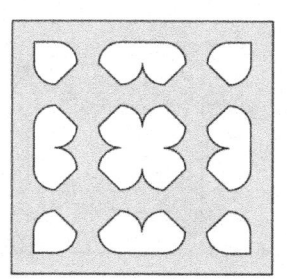

76

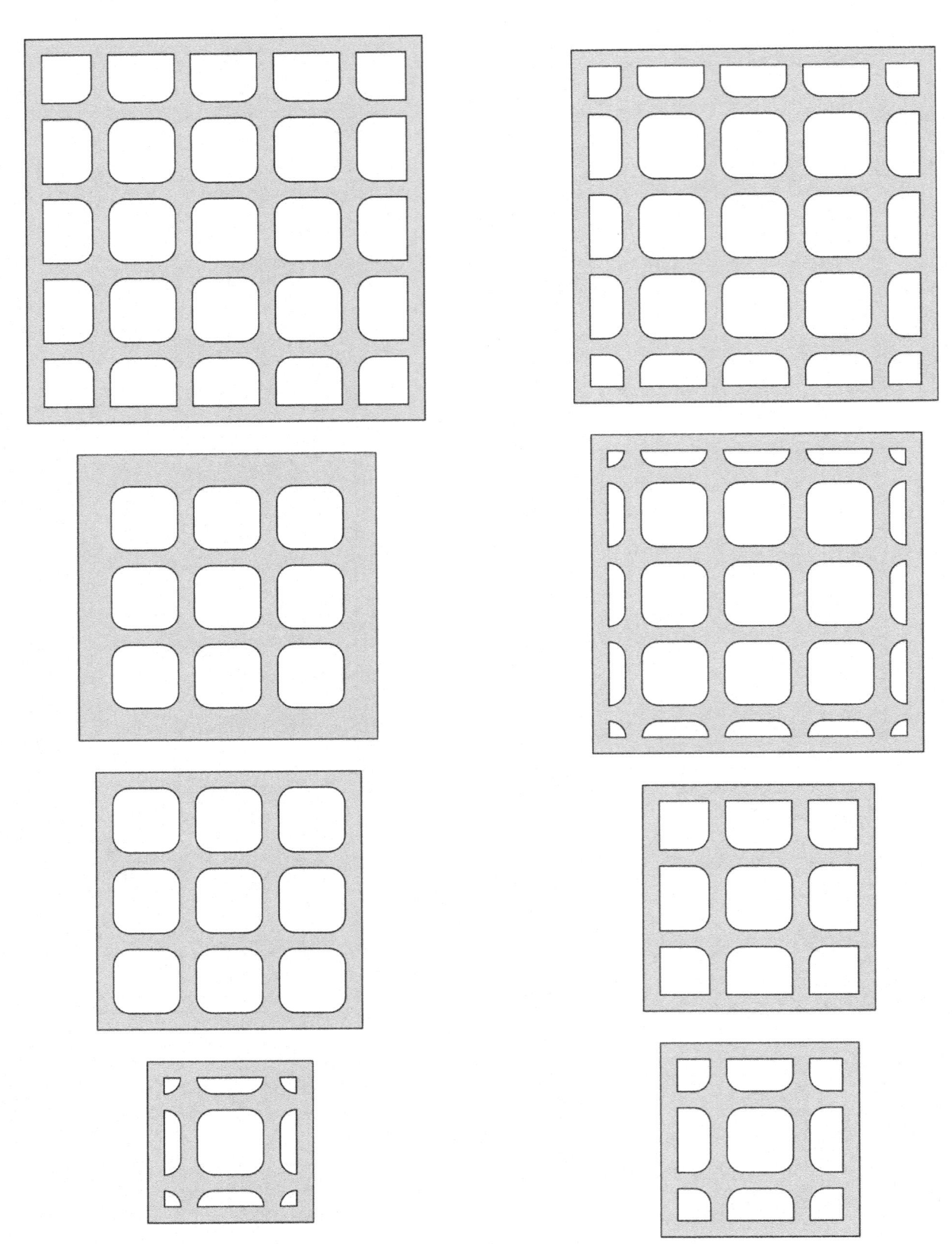

77

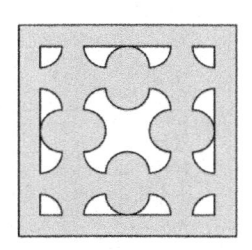

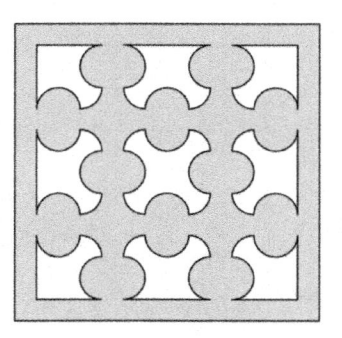

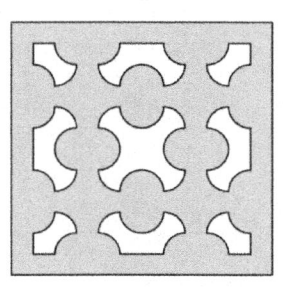

78

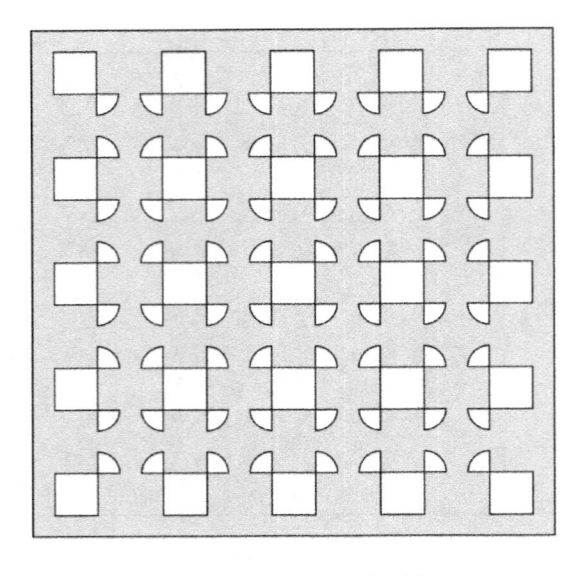

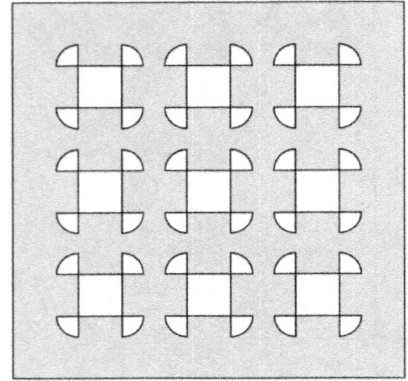

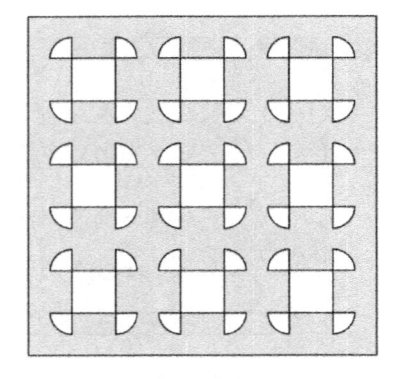

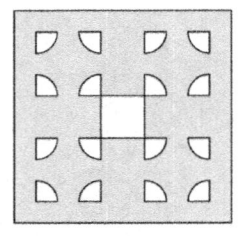

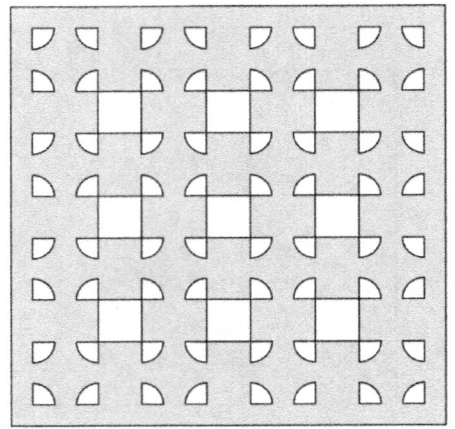

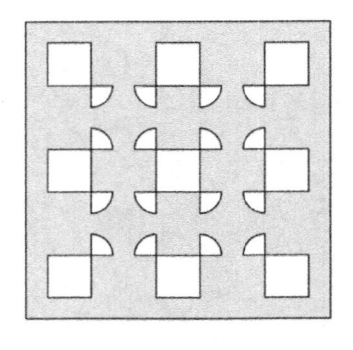

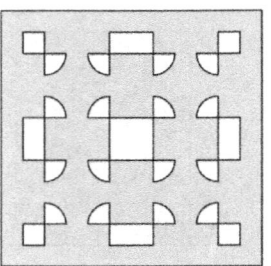

79

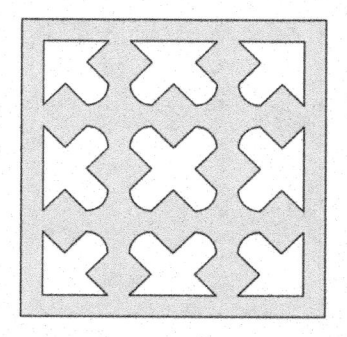

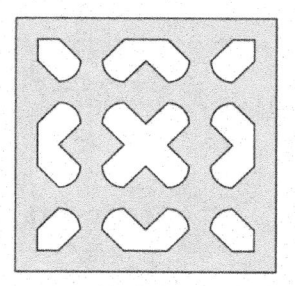

80

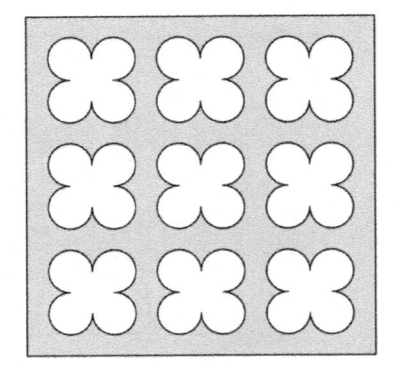

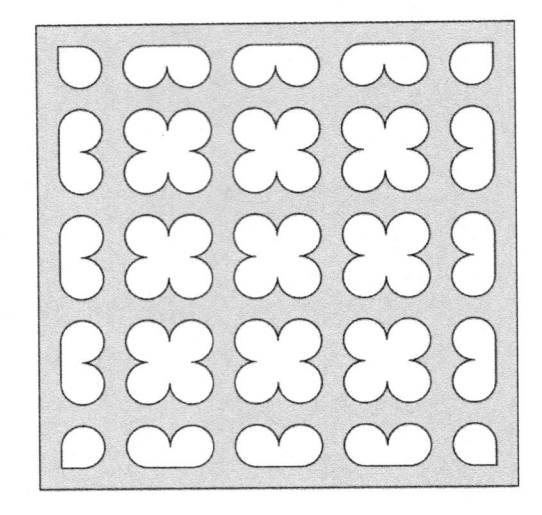

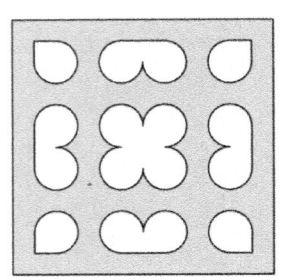

81

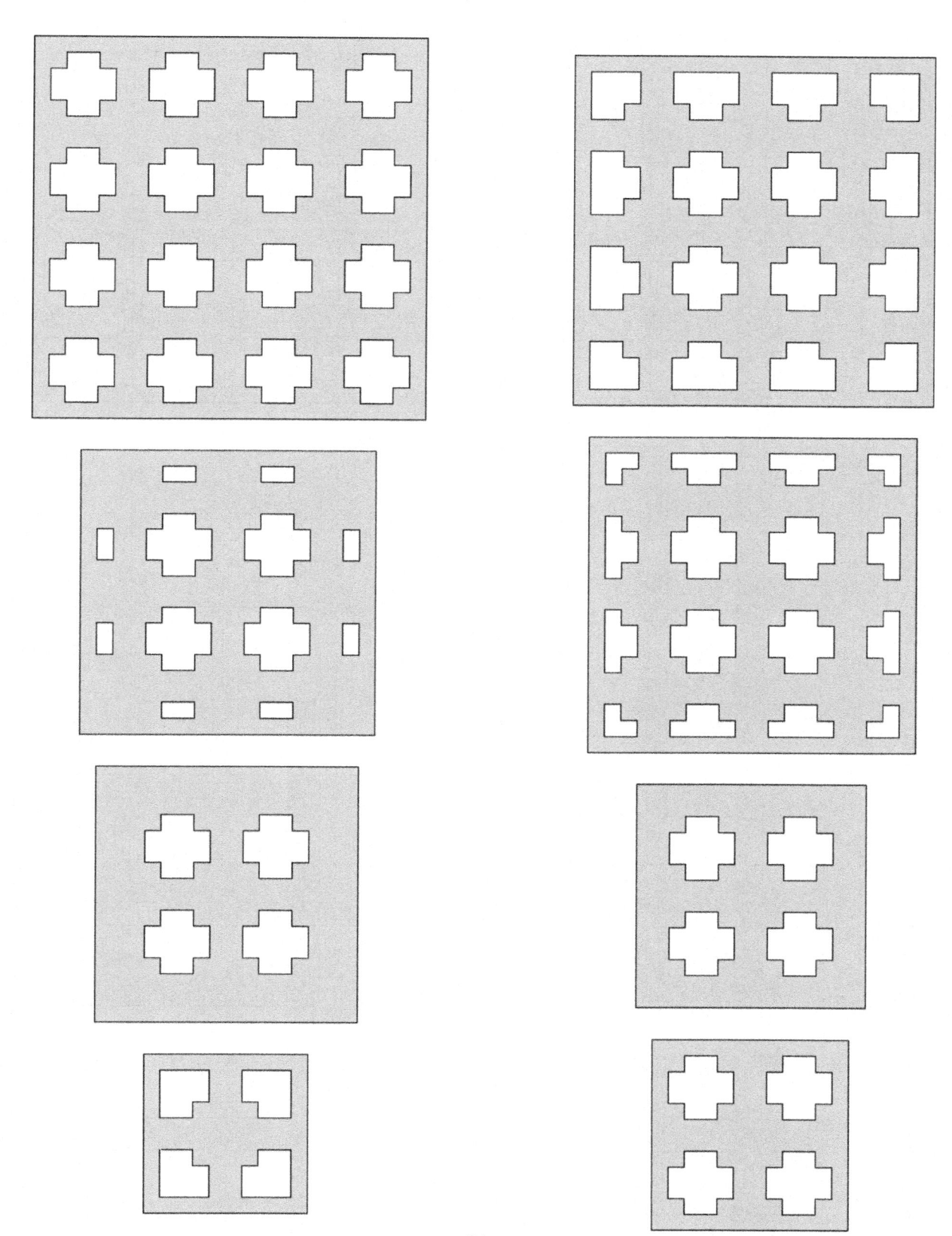

82

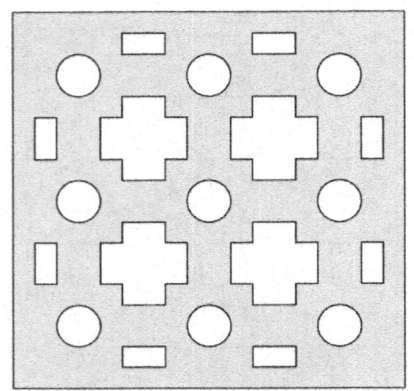

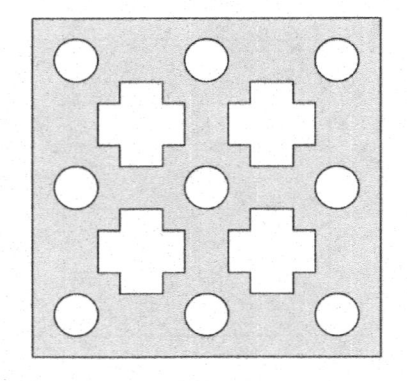

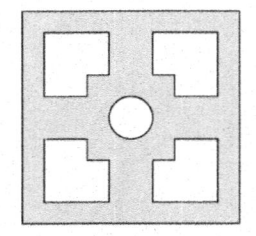

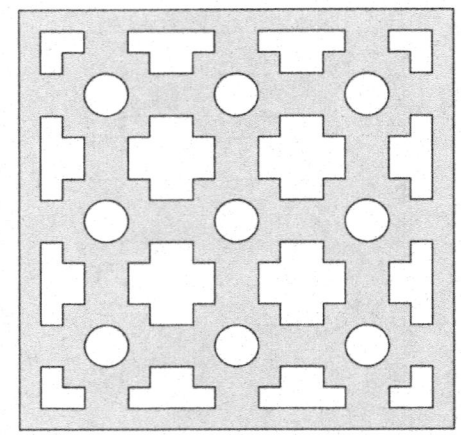

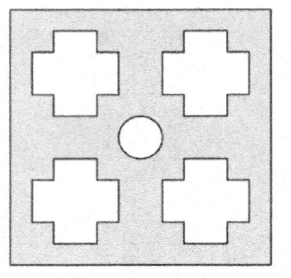

83

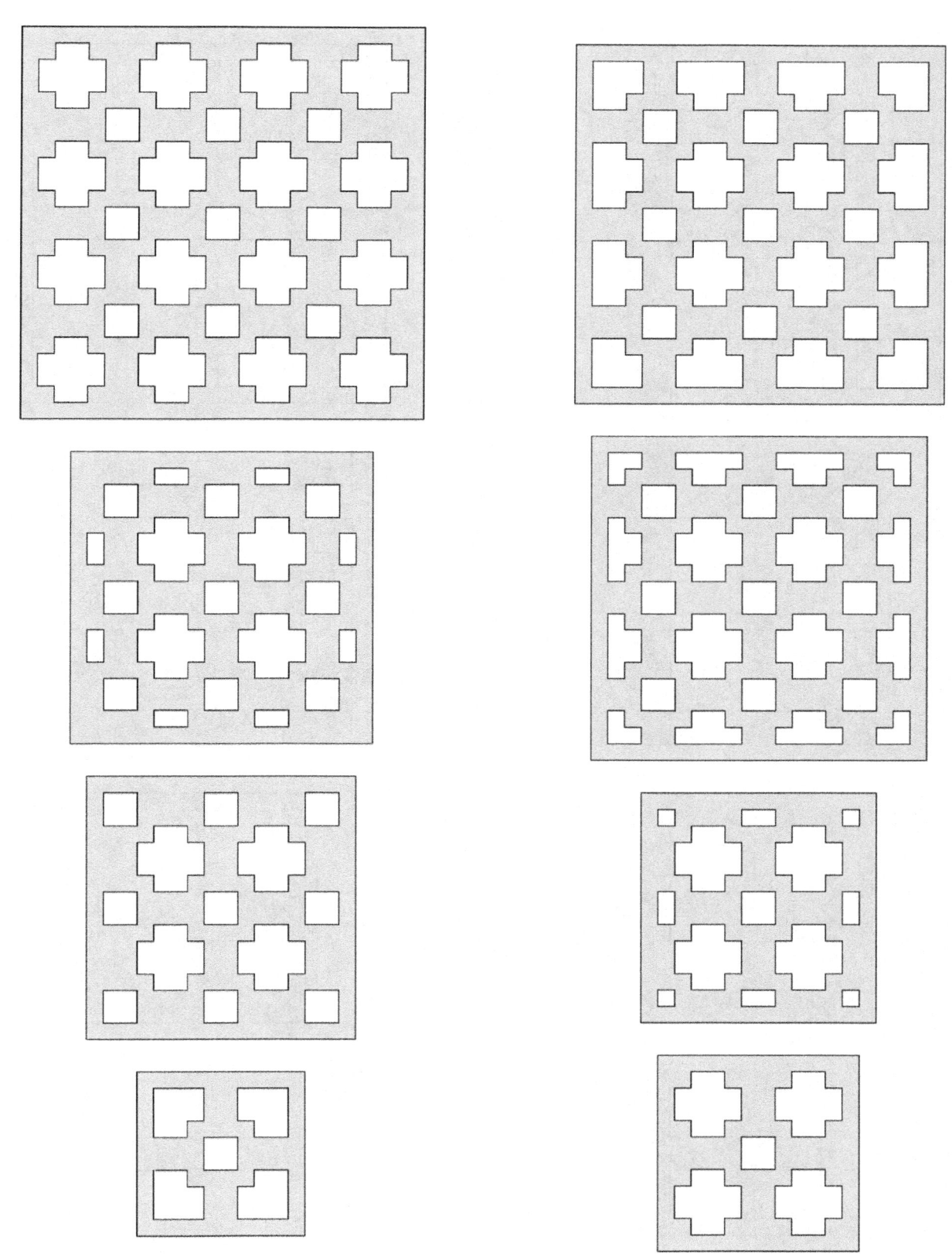

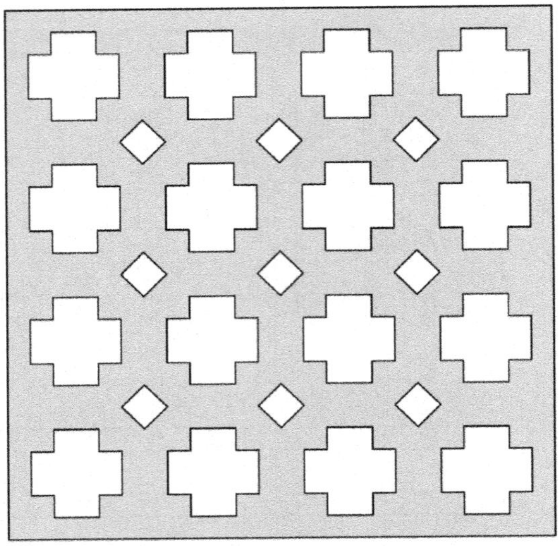
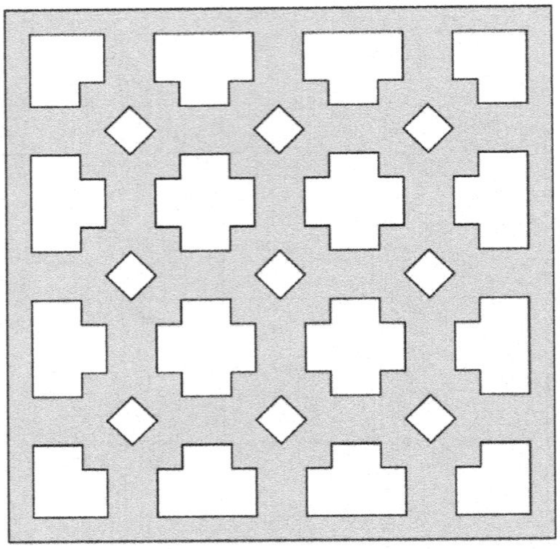
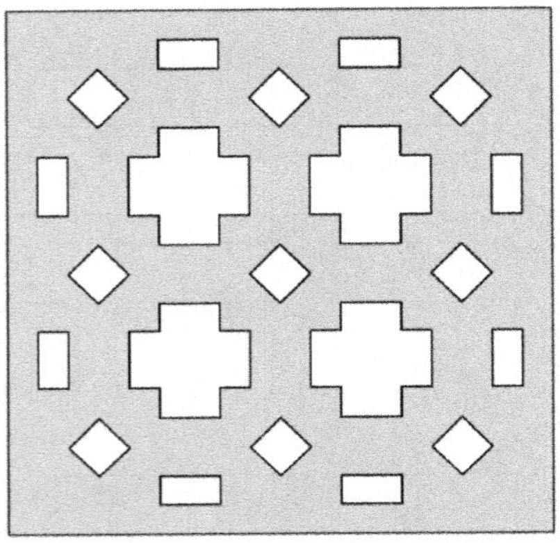
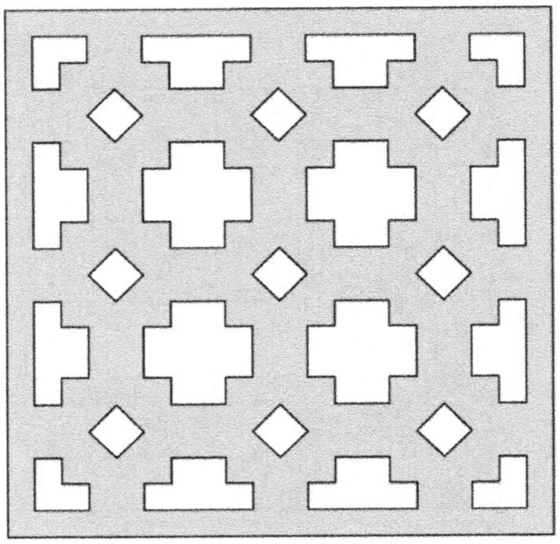
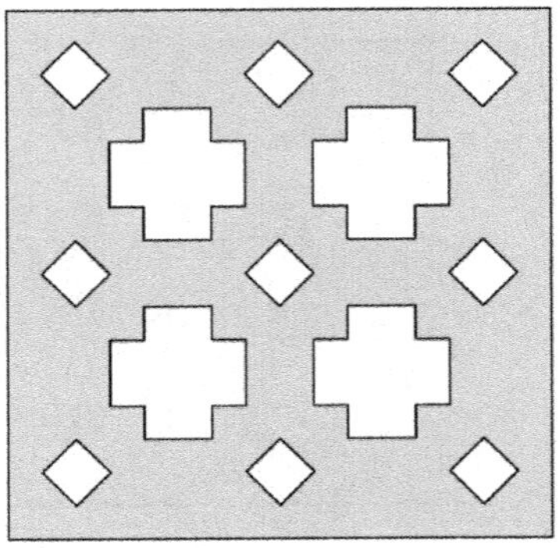
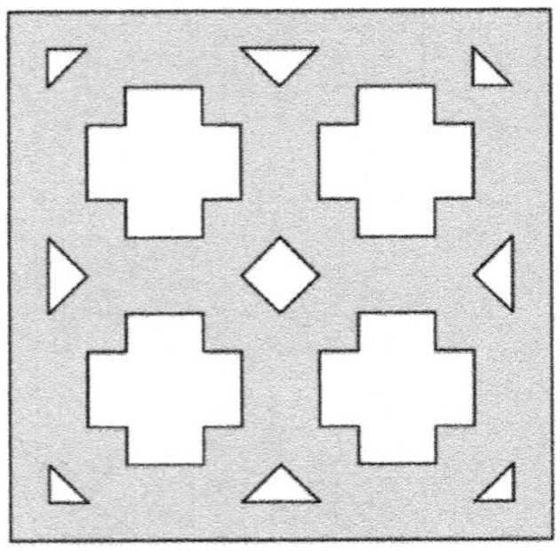
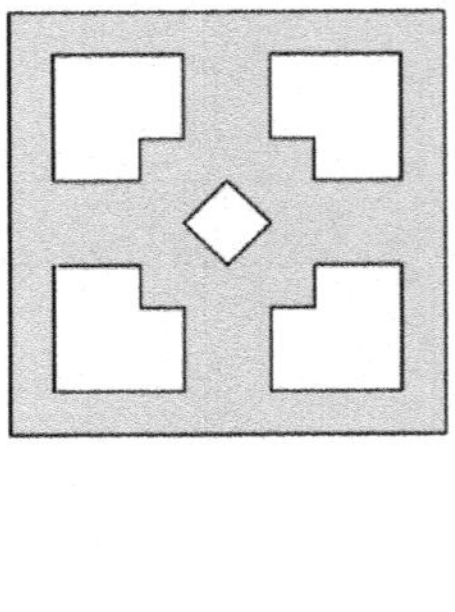
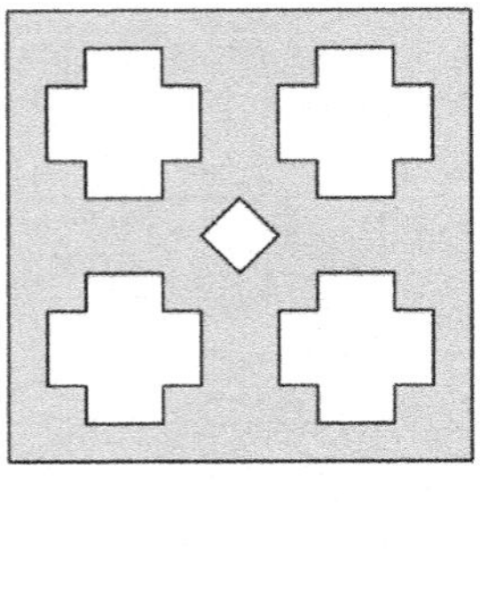

85

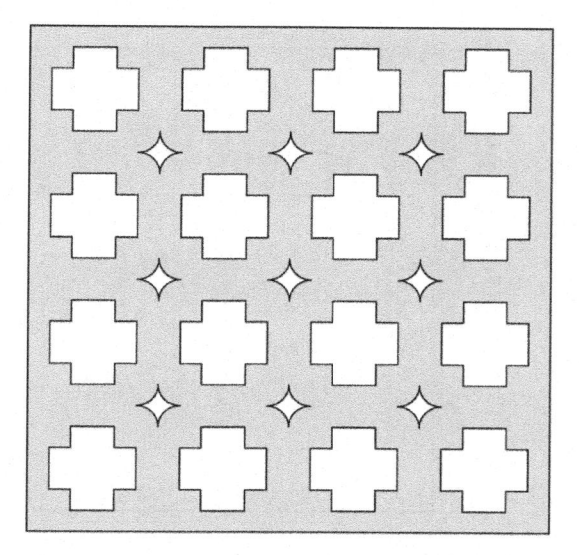

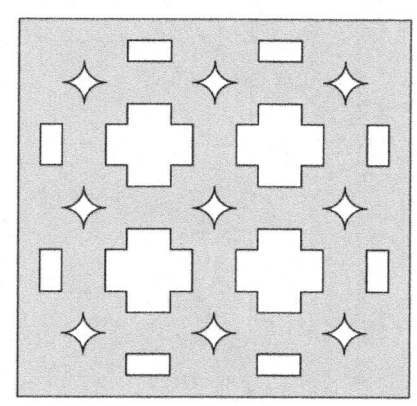

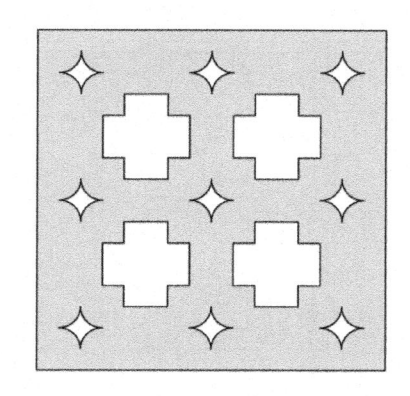

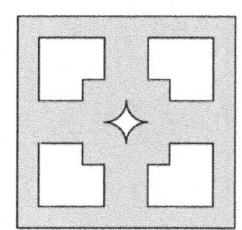

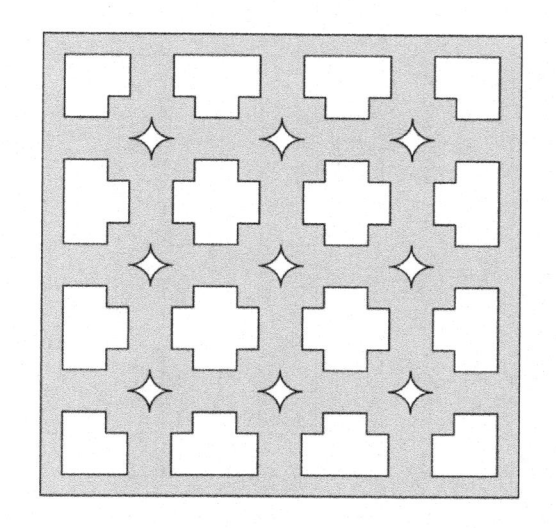

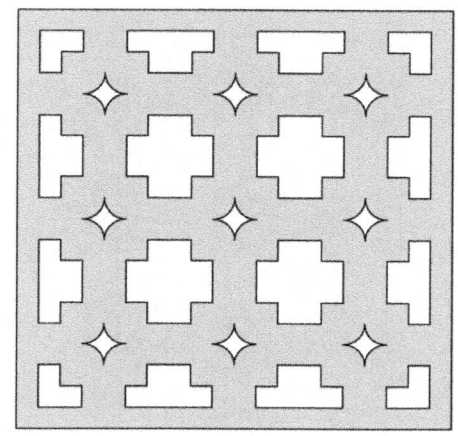

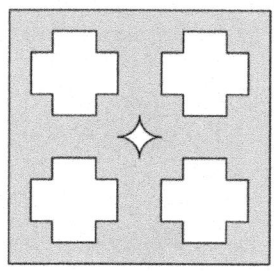

86

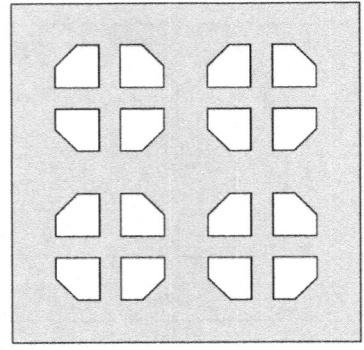

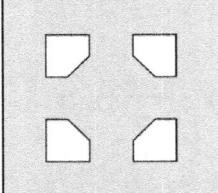

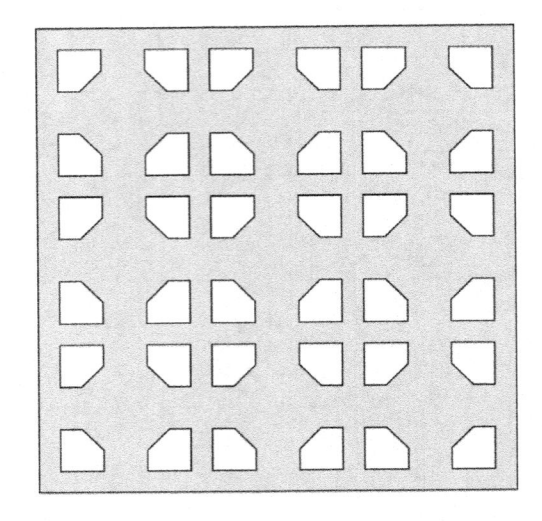

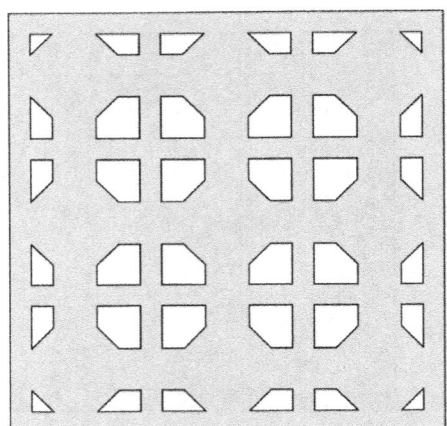

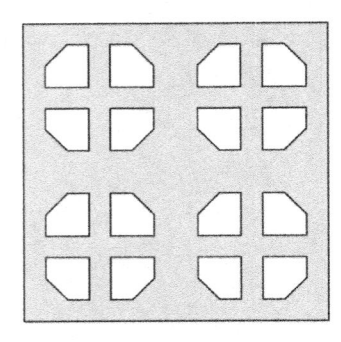

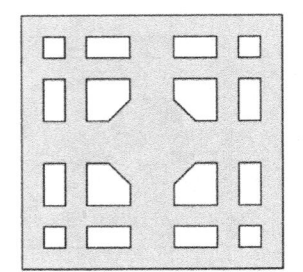

87

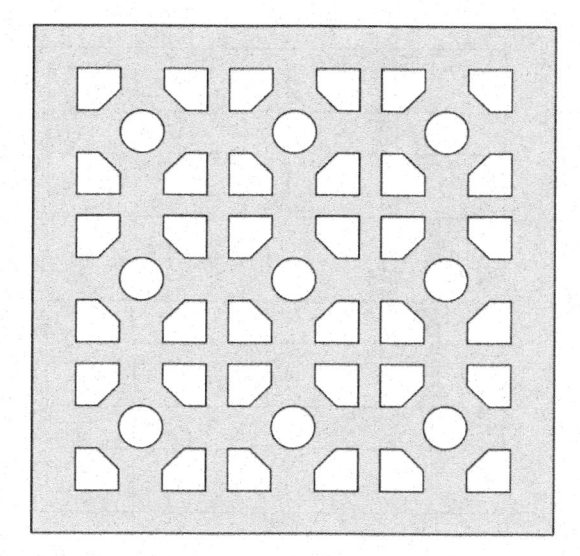

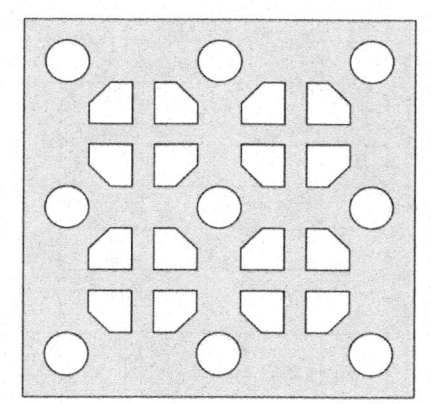

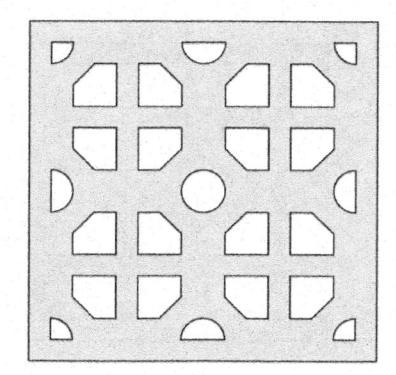

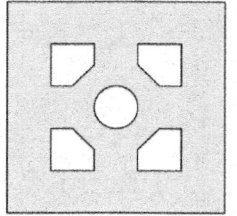

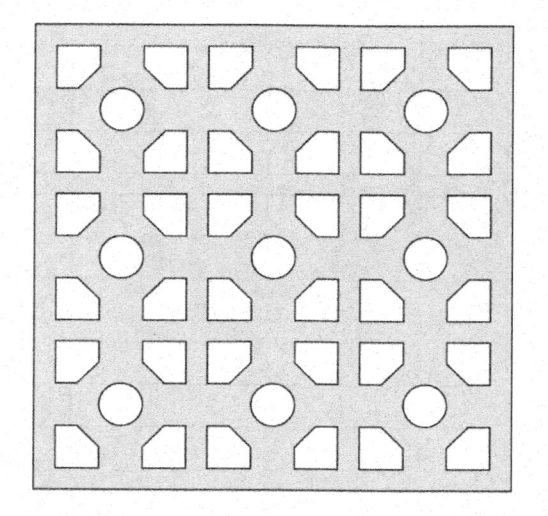

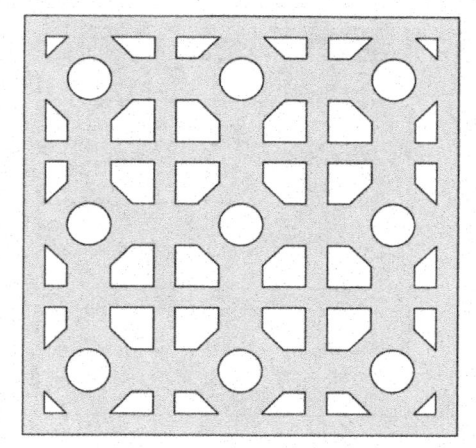

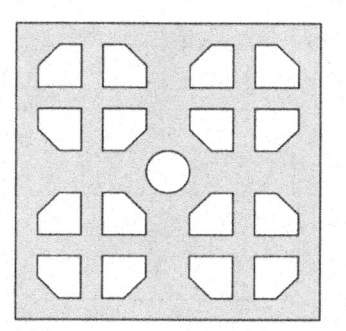

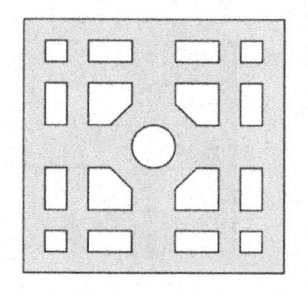

88

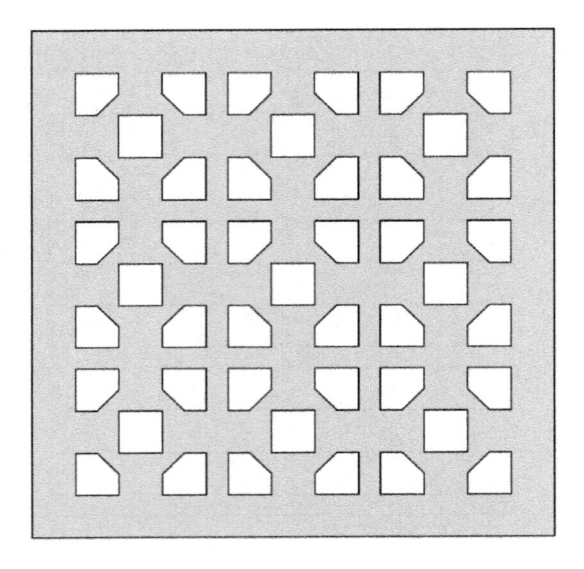

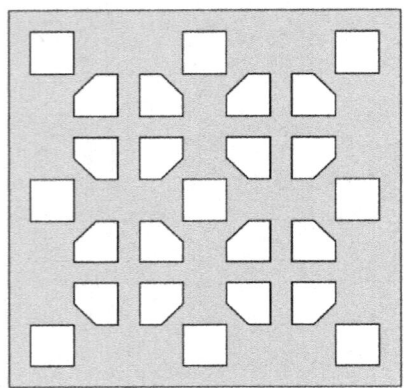

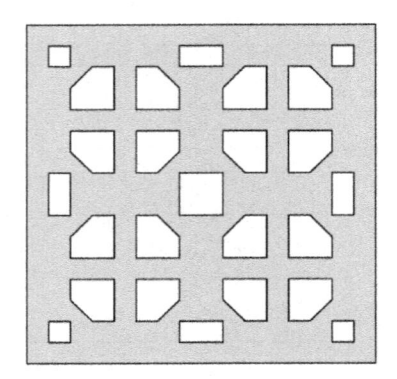

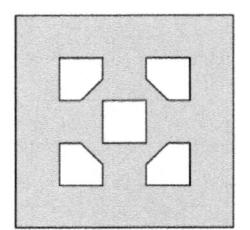

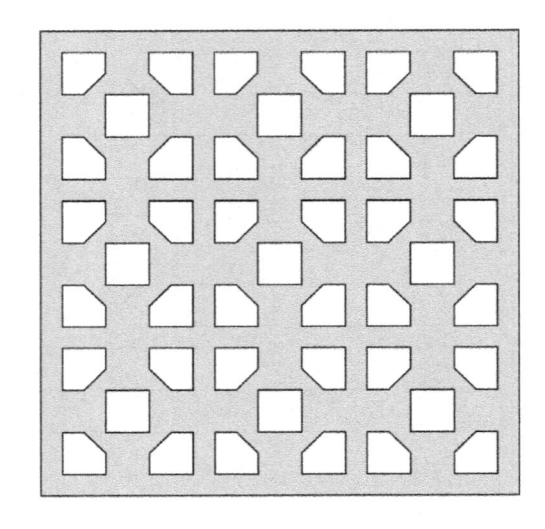

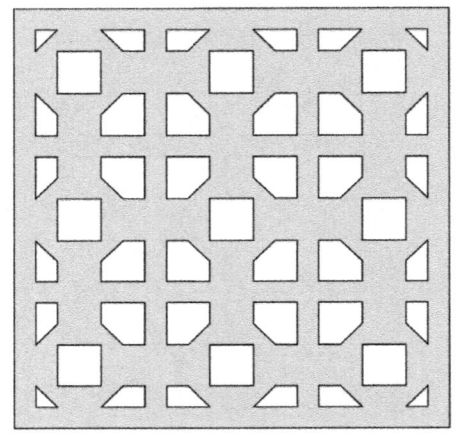

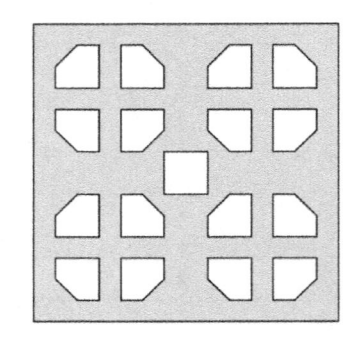

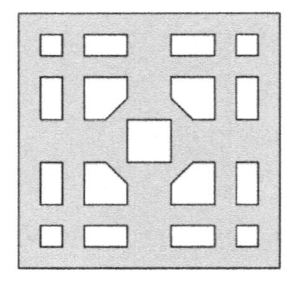

89

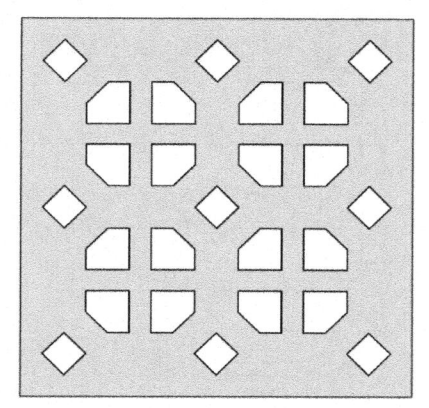

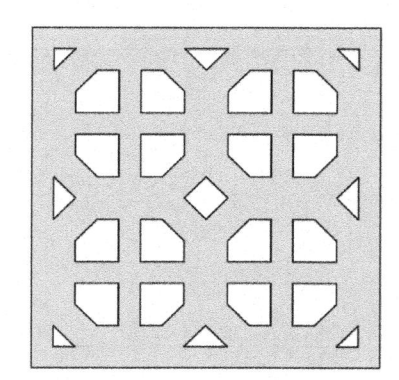

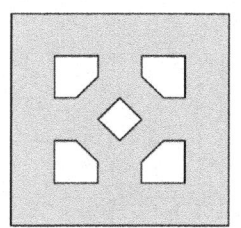

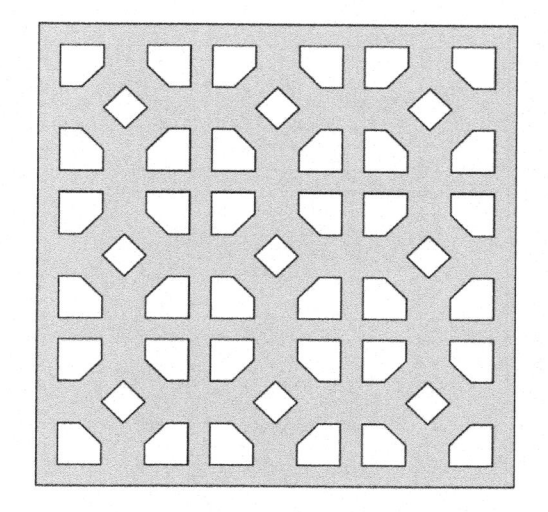

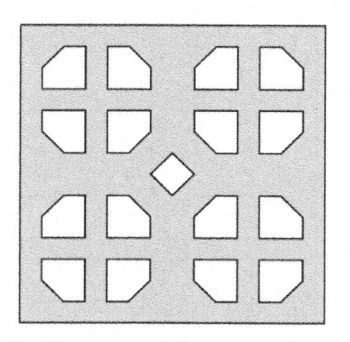

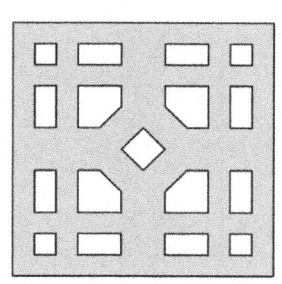

90

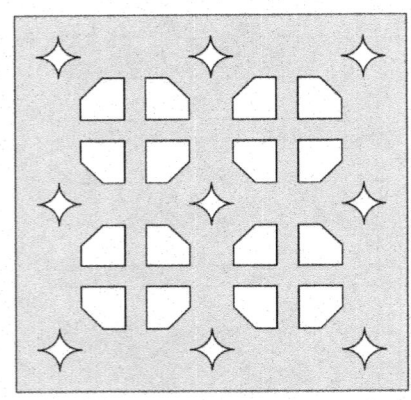

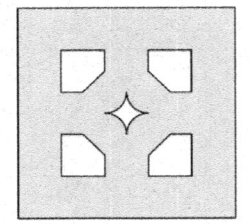

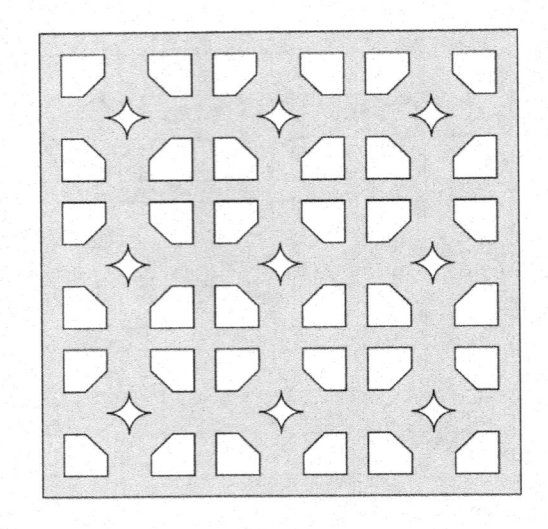

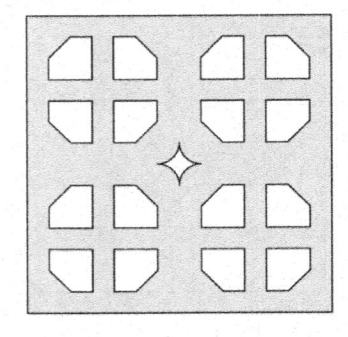

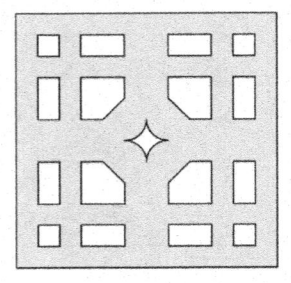

91

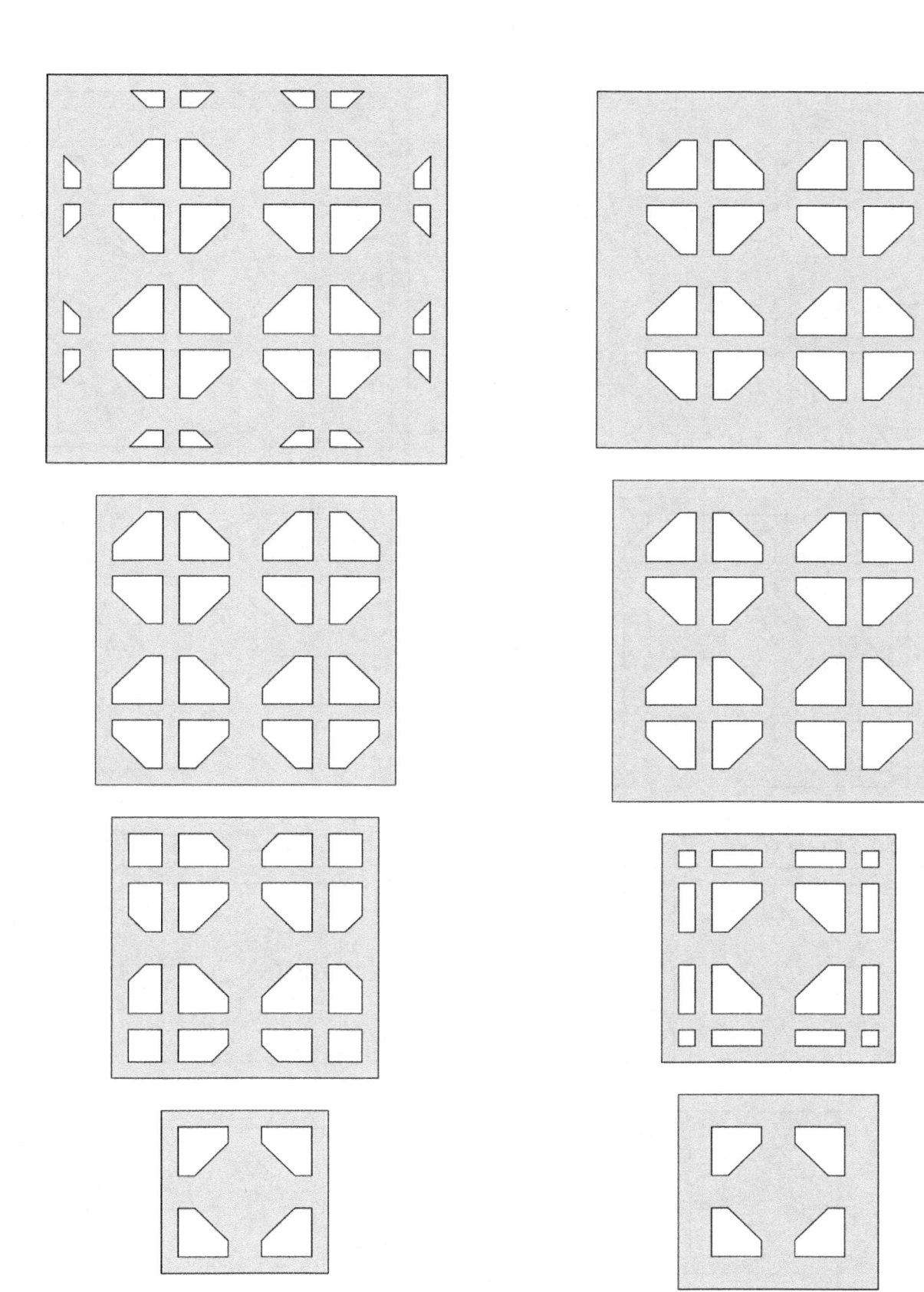

92

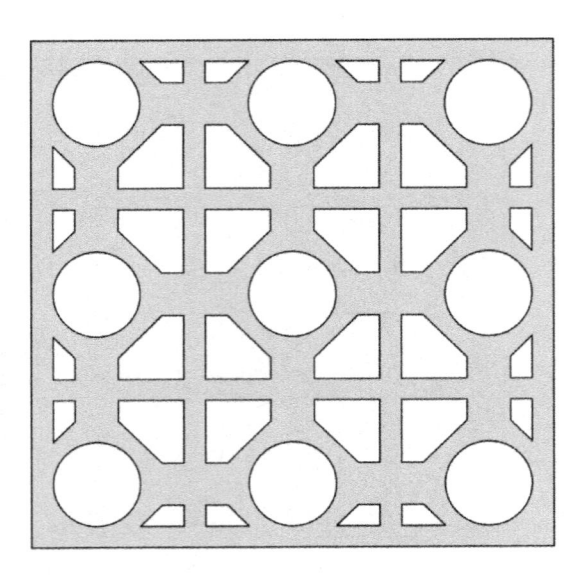

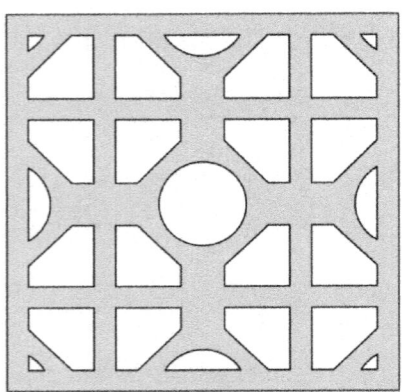

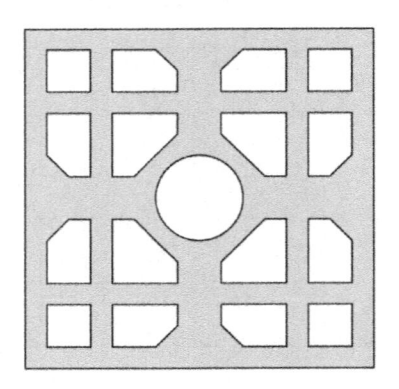

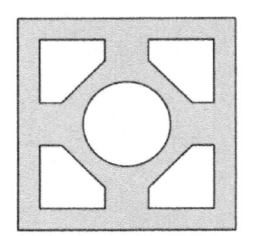

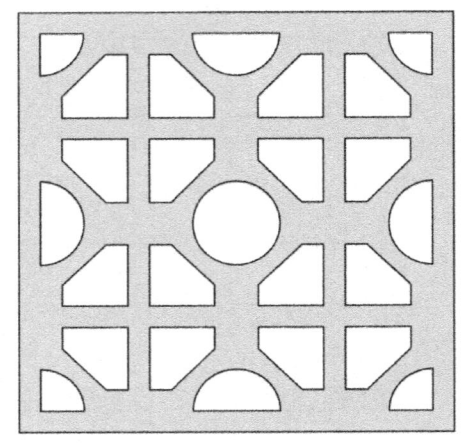

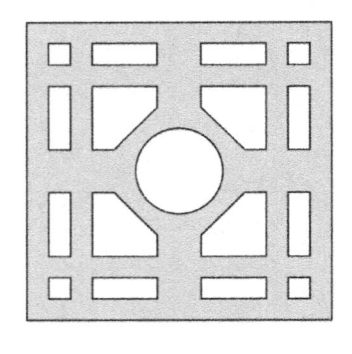

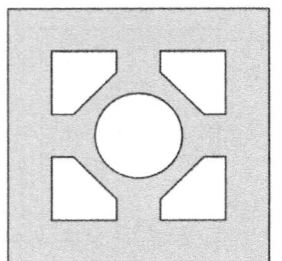

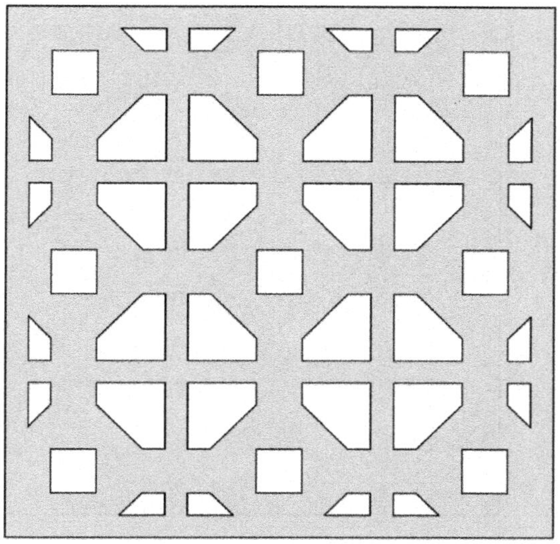

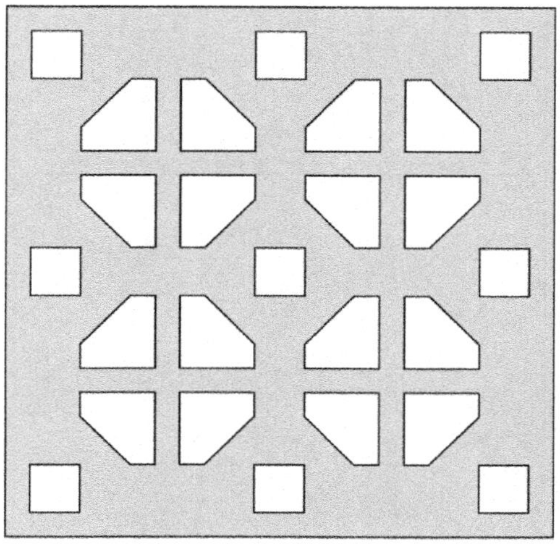

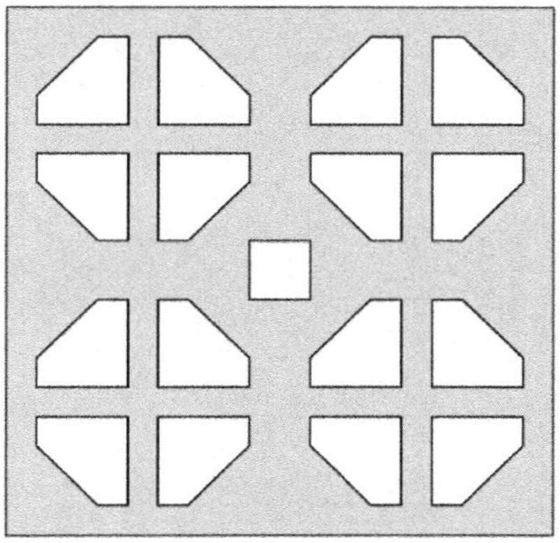

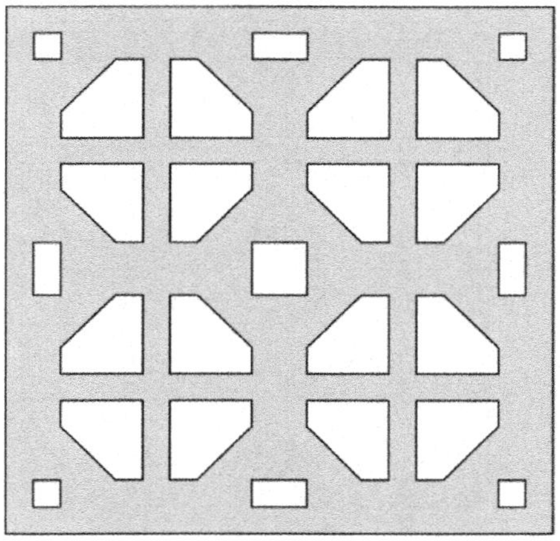

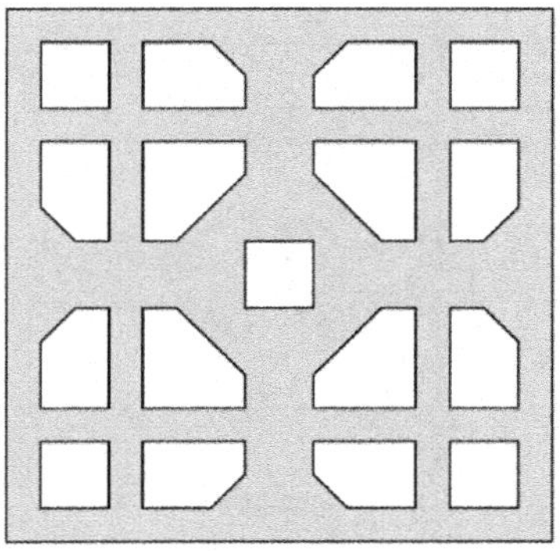

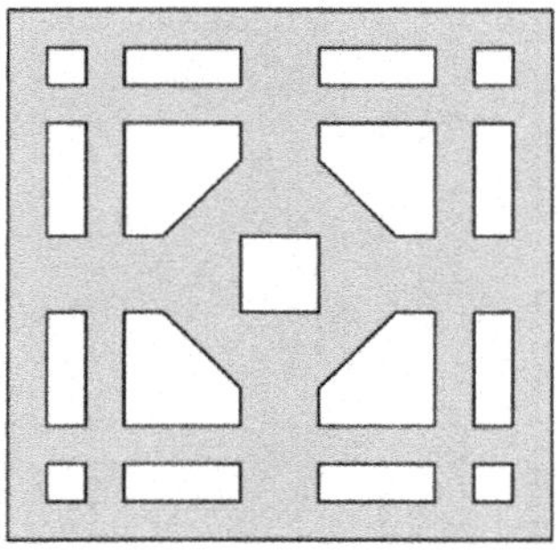

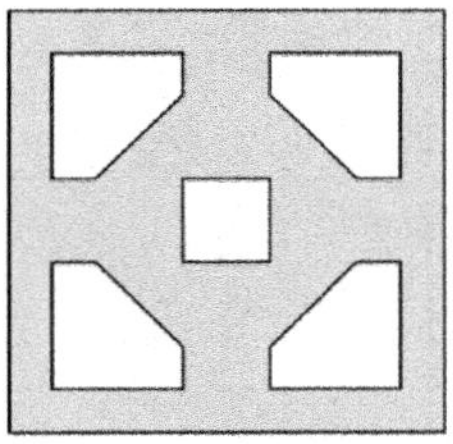

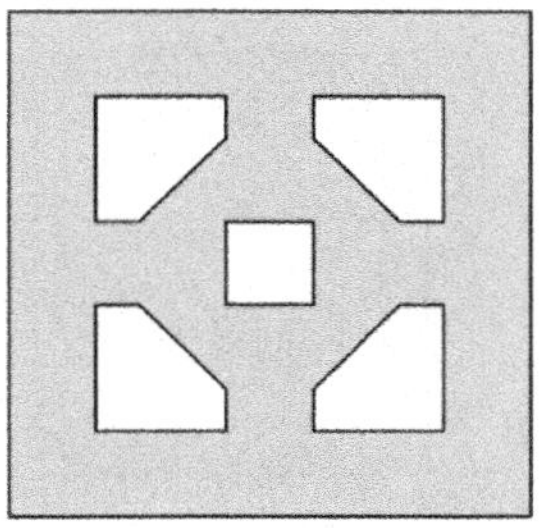

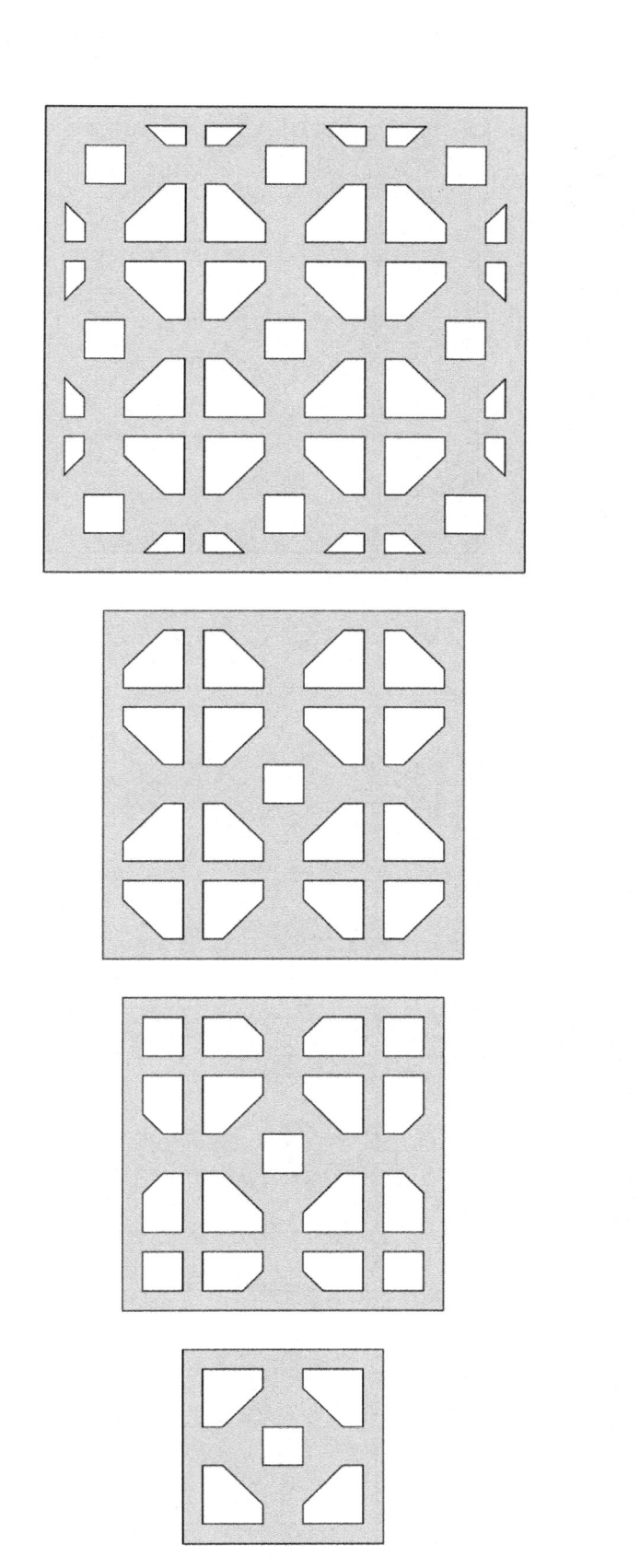

94

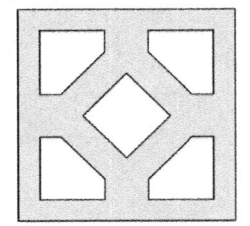

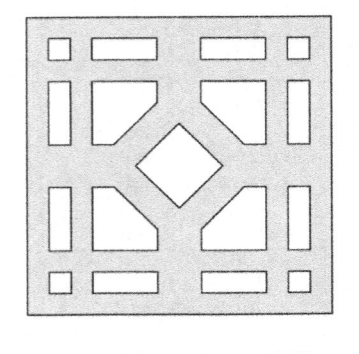

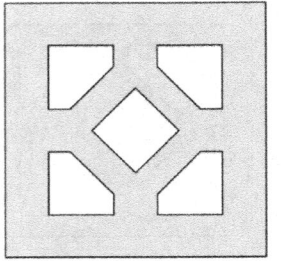

95

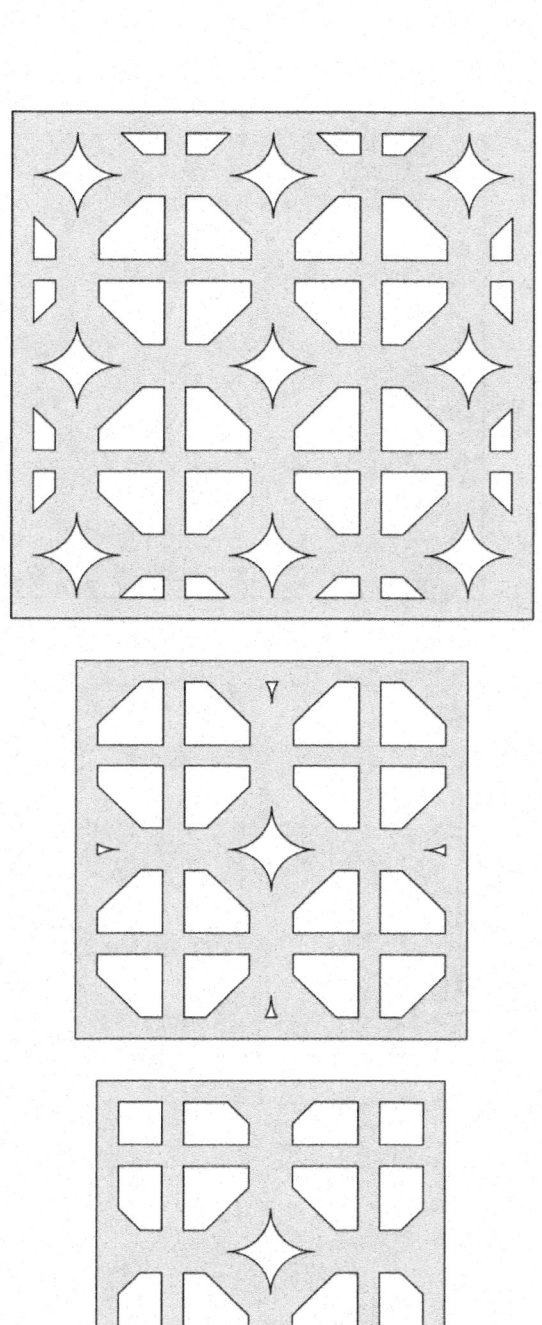

96

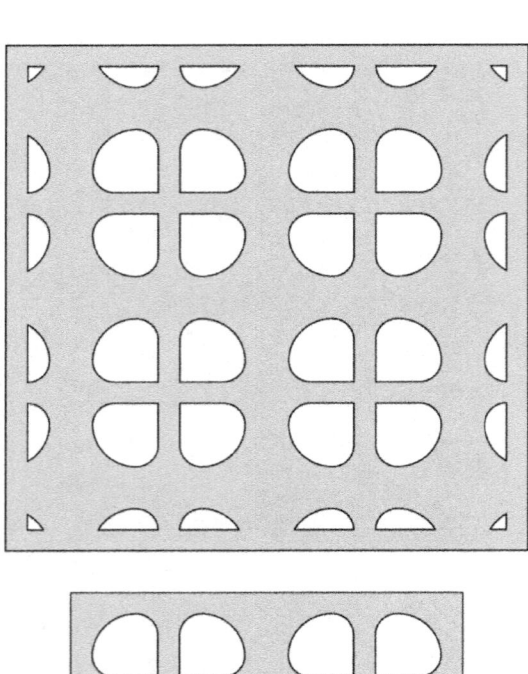

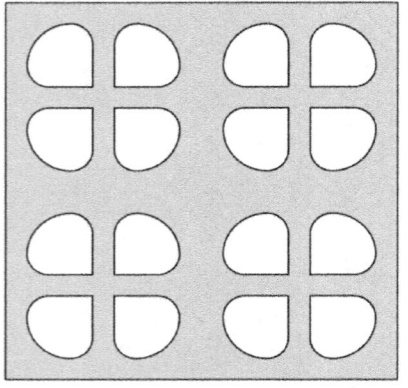

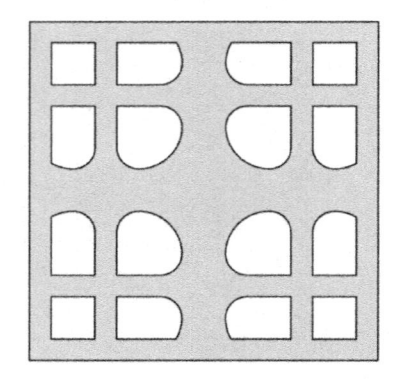

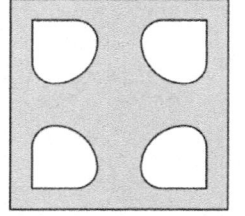

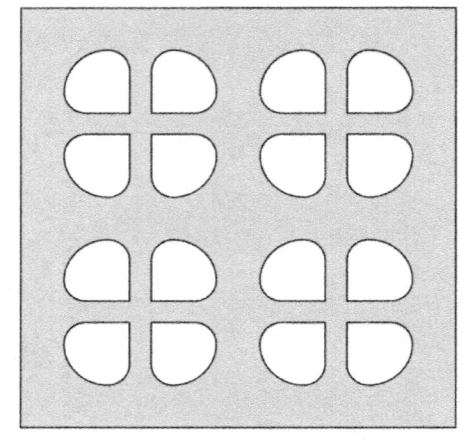

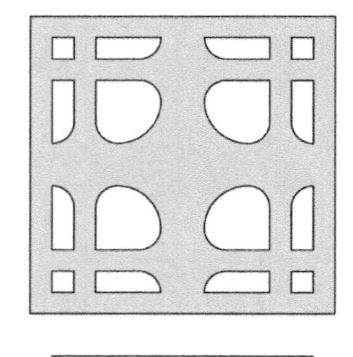

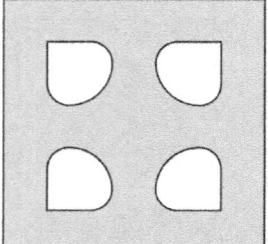

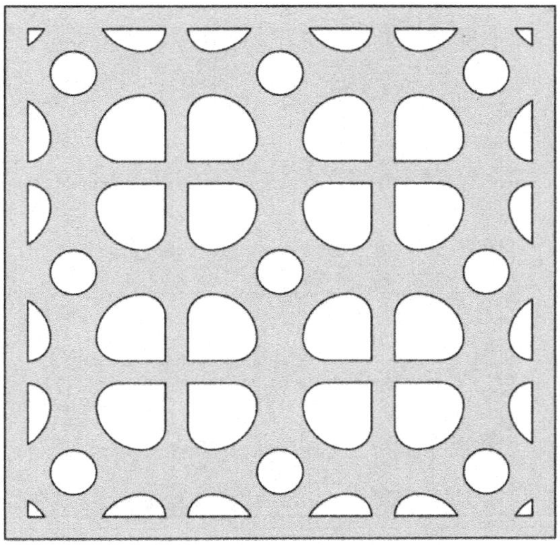
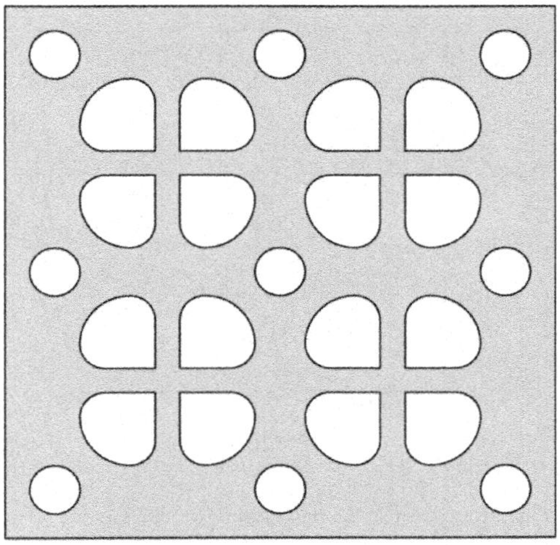
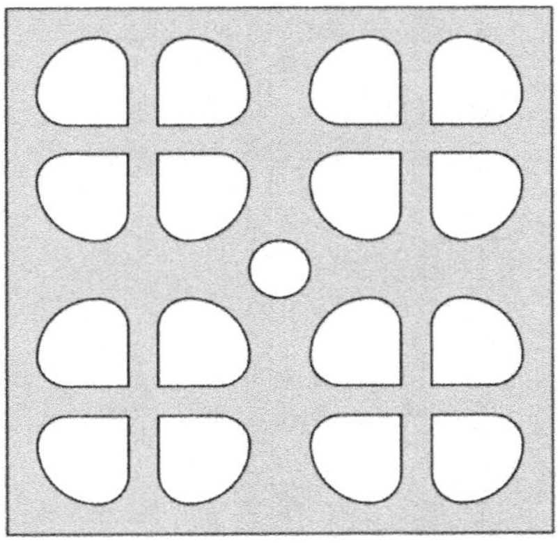
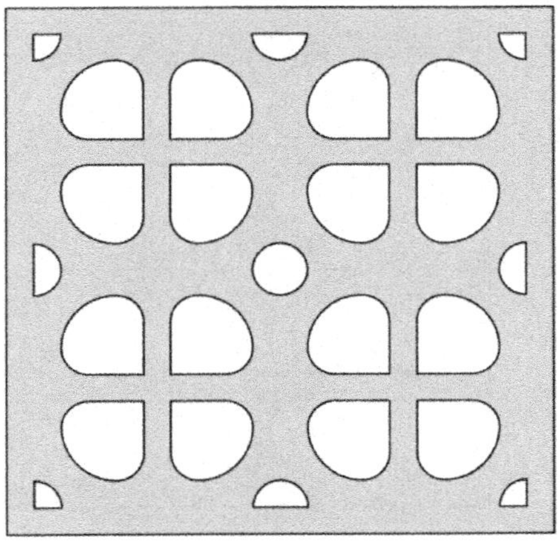
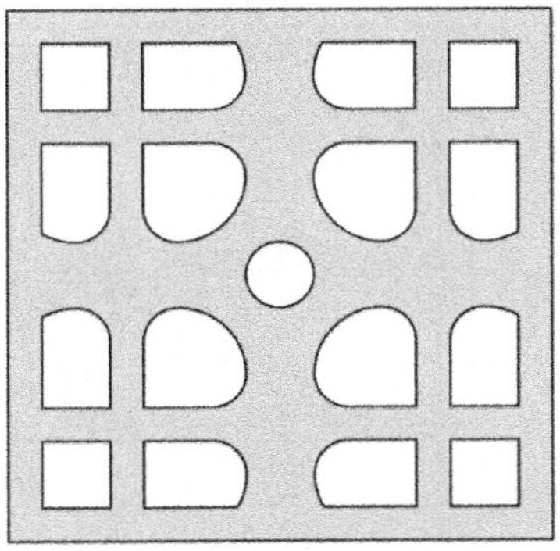
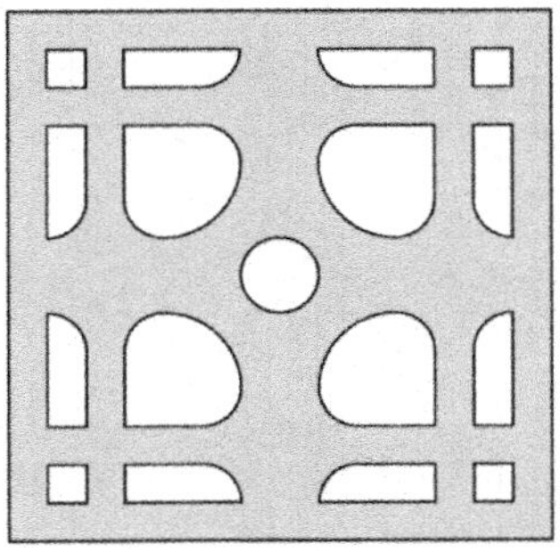
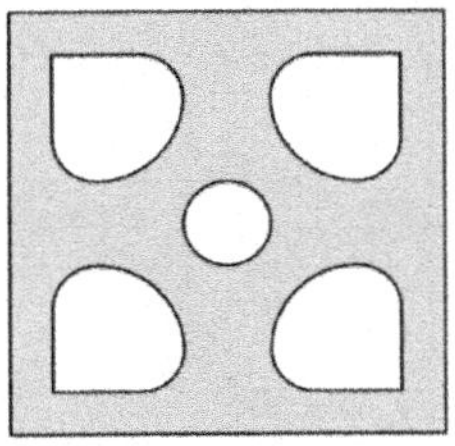
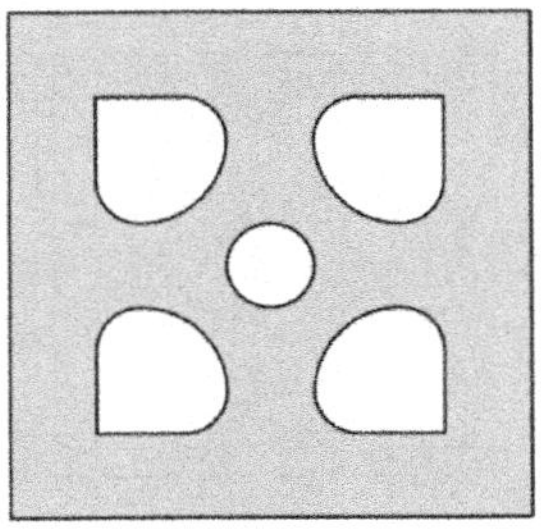

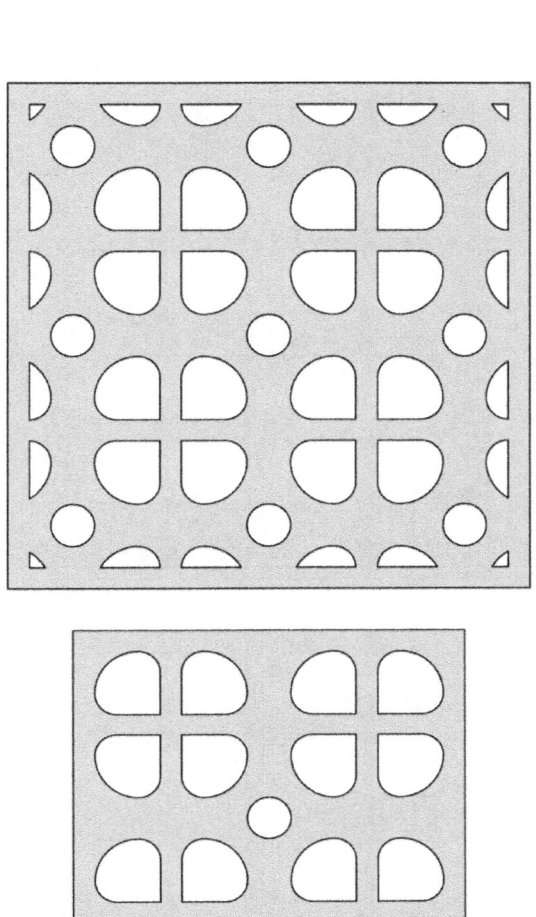

98

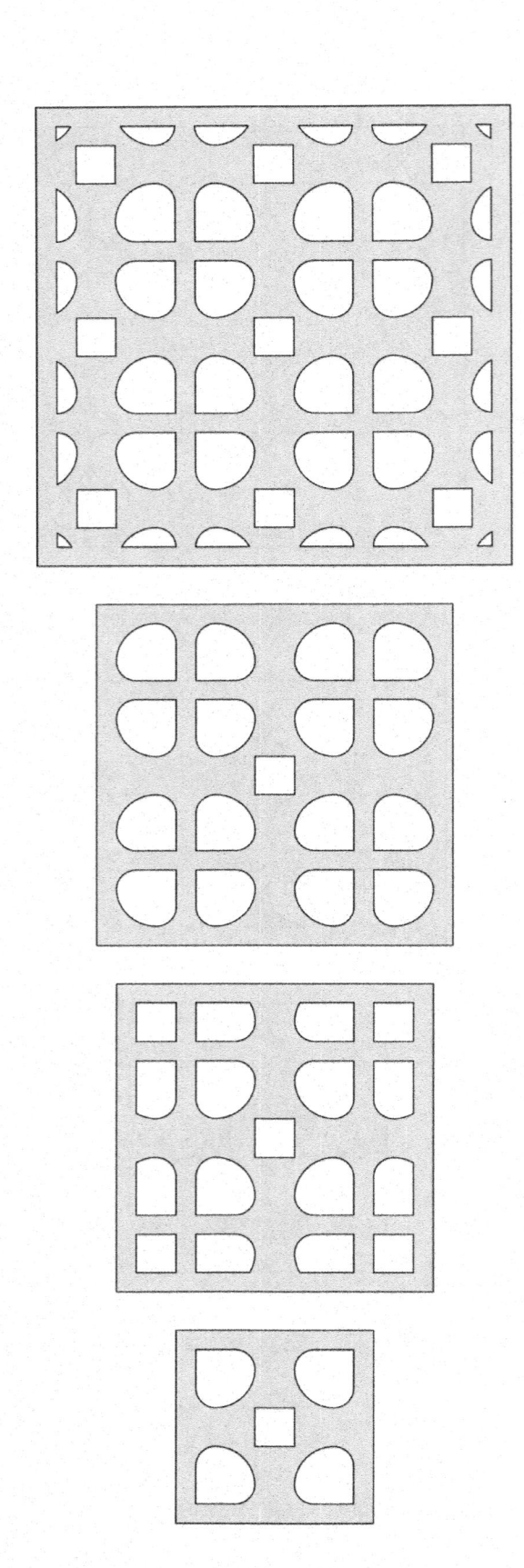

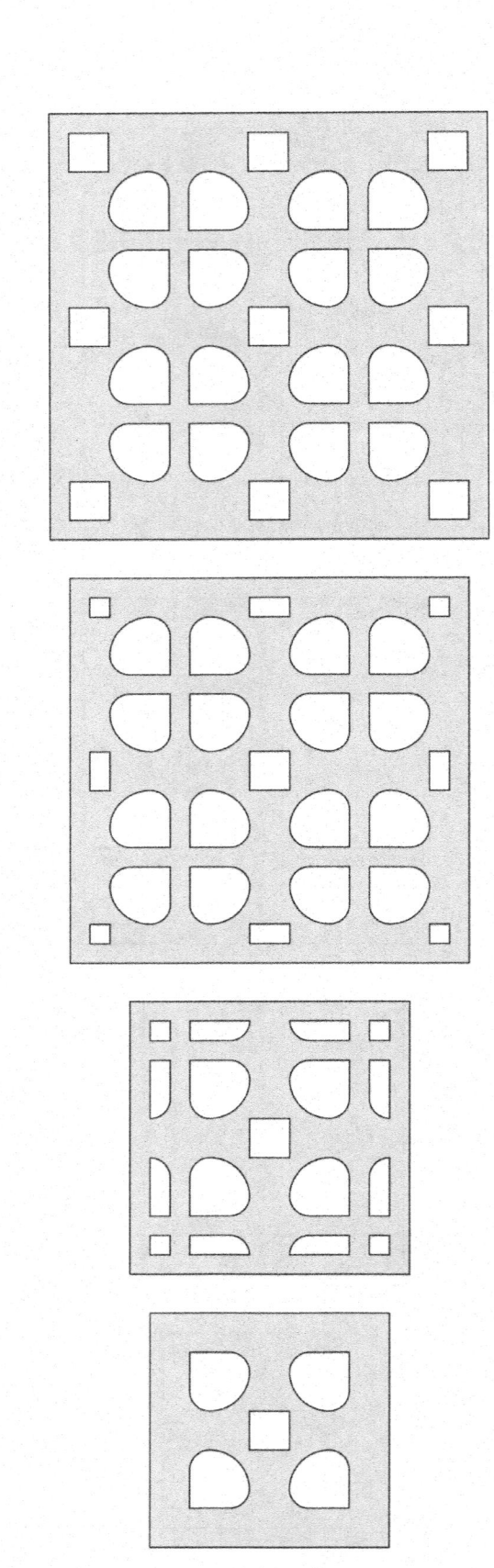

99

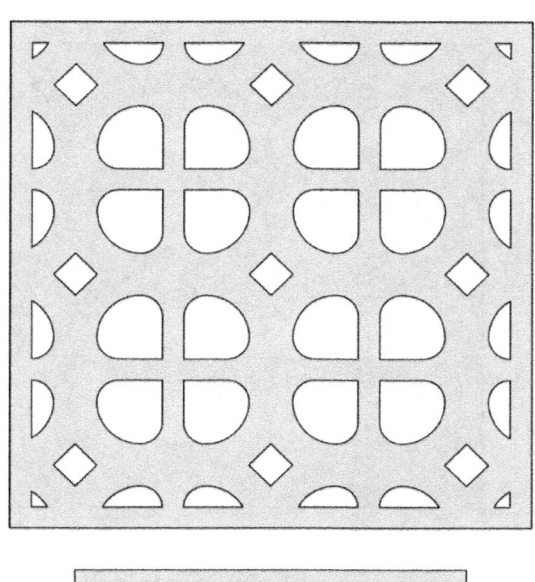

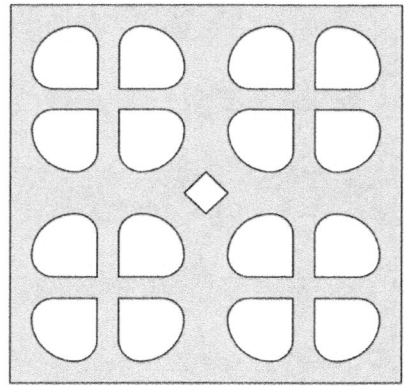

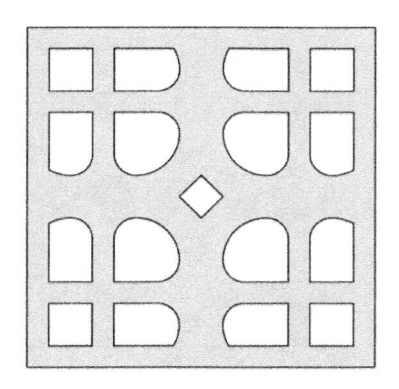

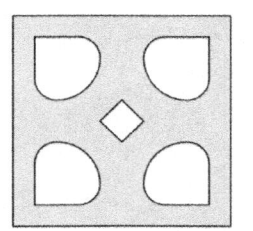

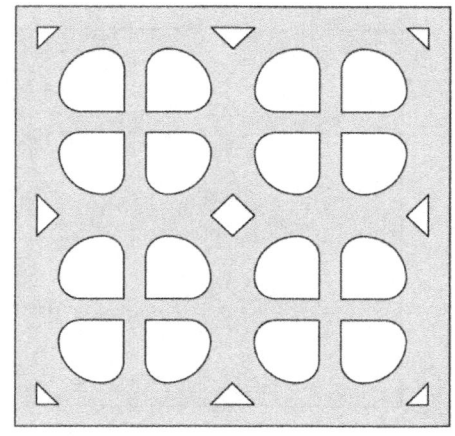

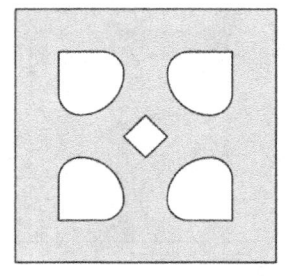

100

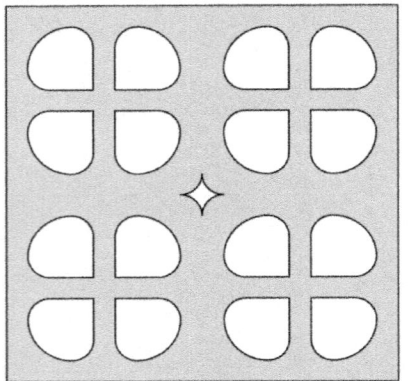

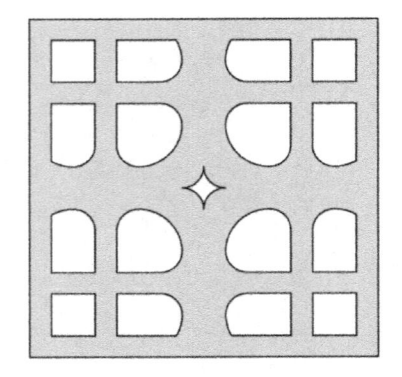

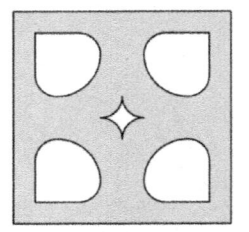

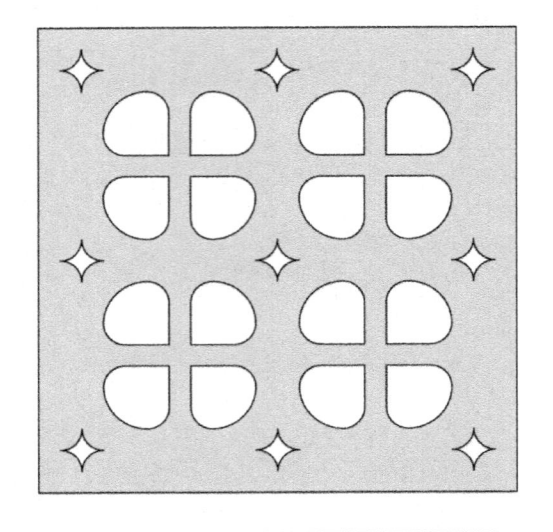

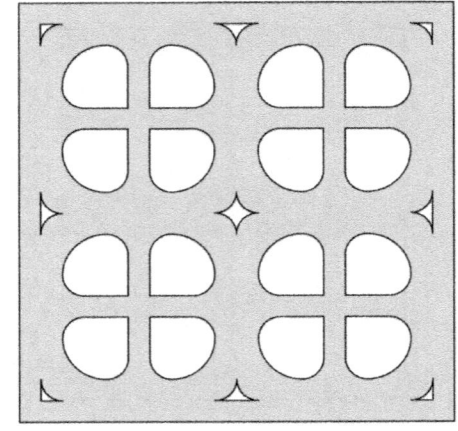

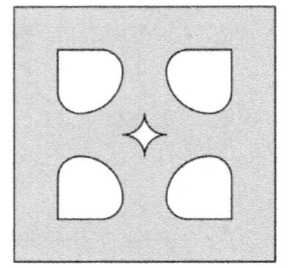

101

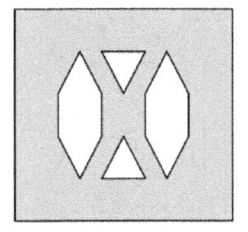

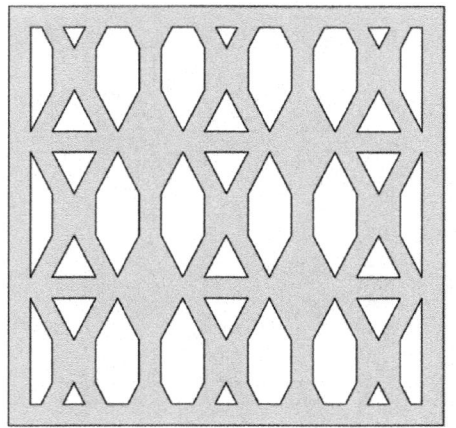

102

103

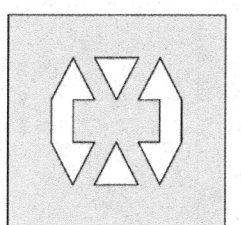

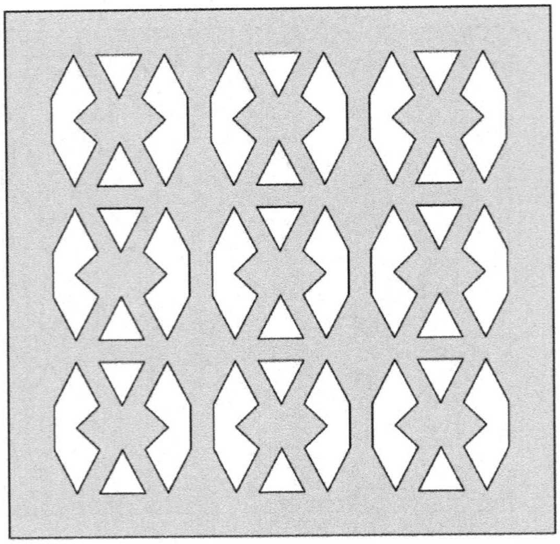

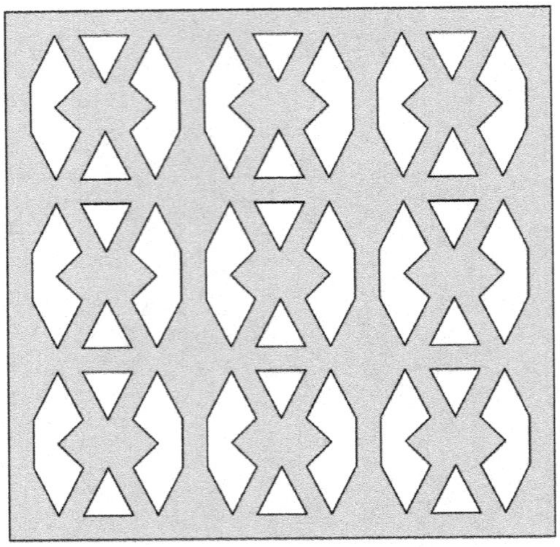

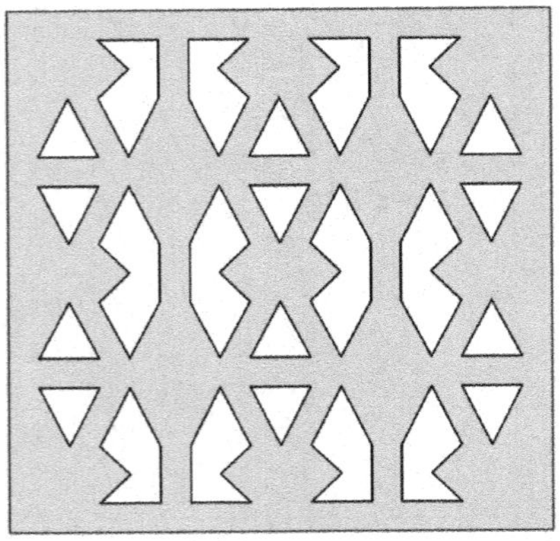

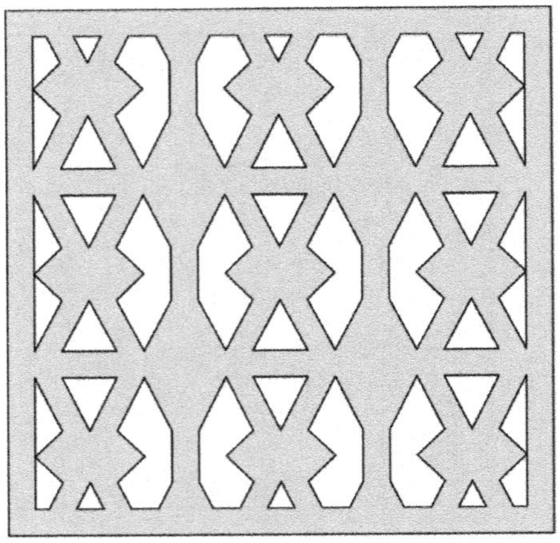

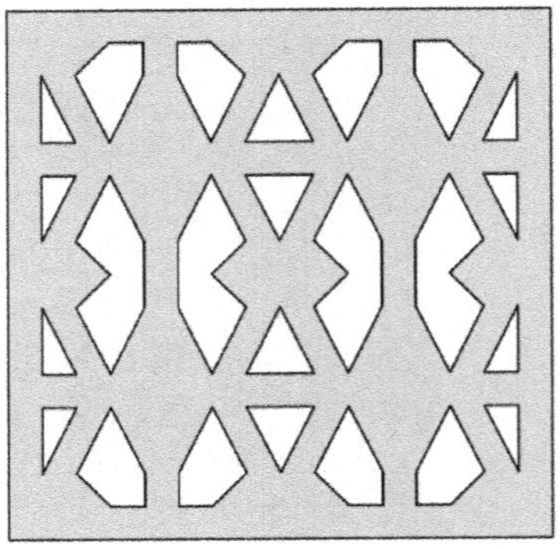

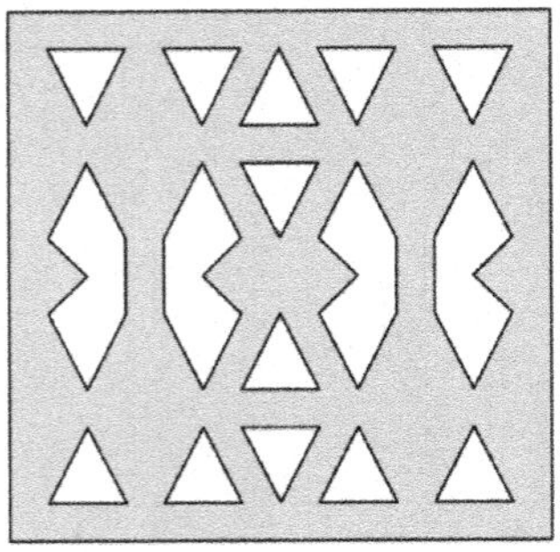

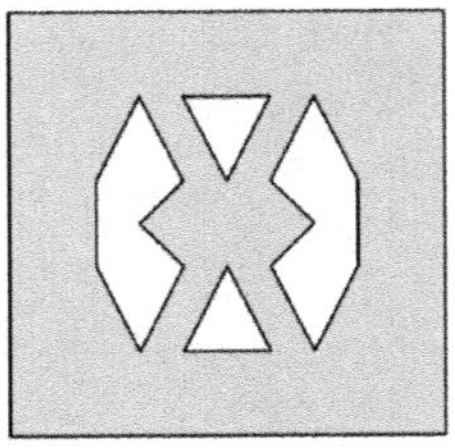

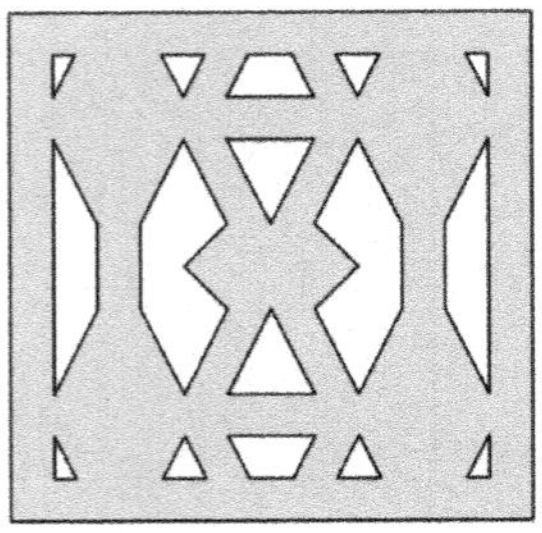

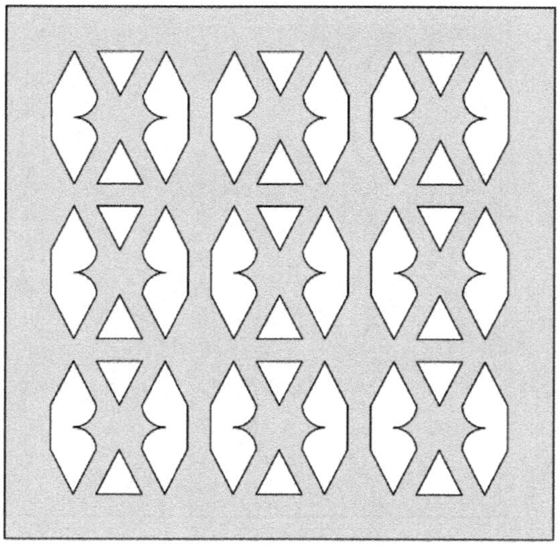
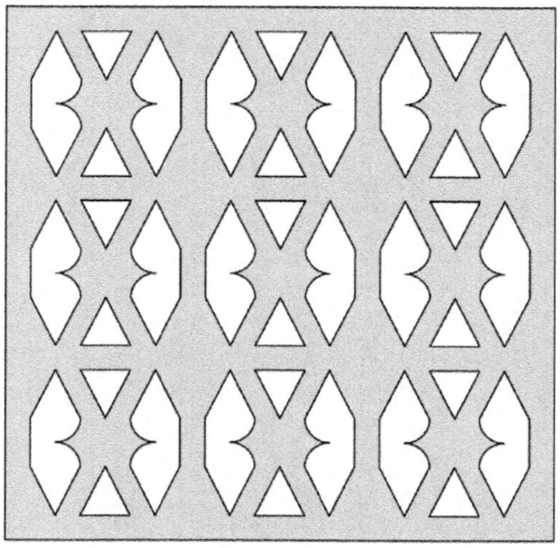
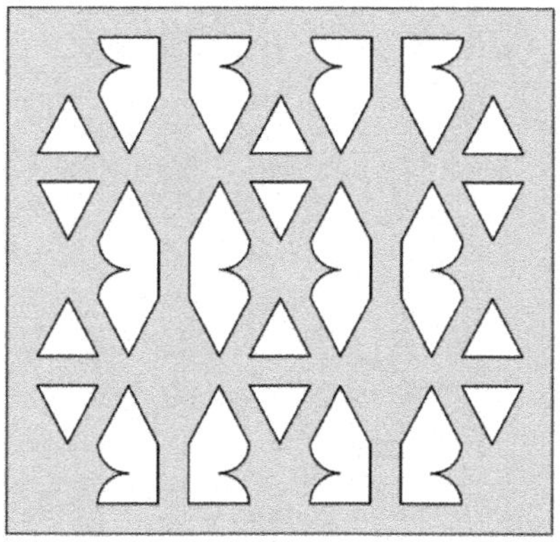
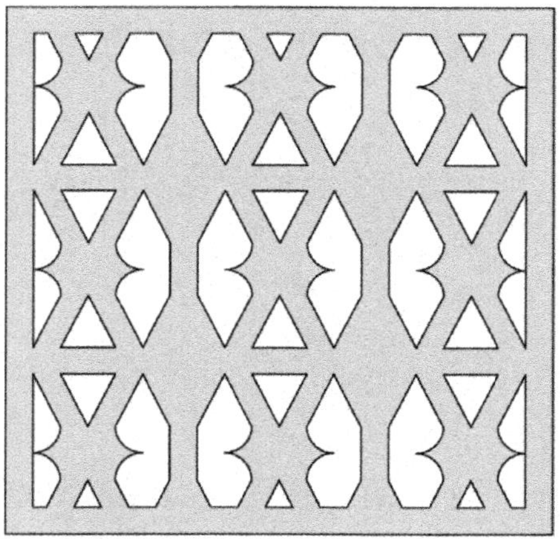
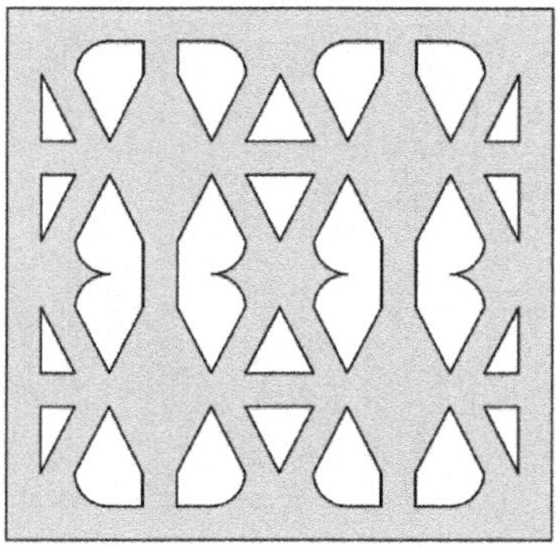
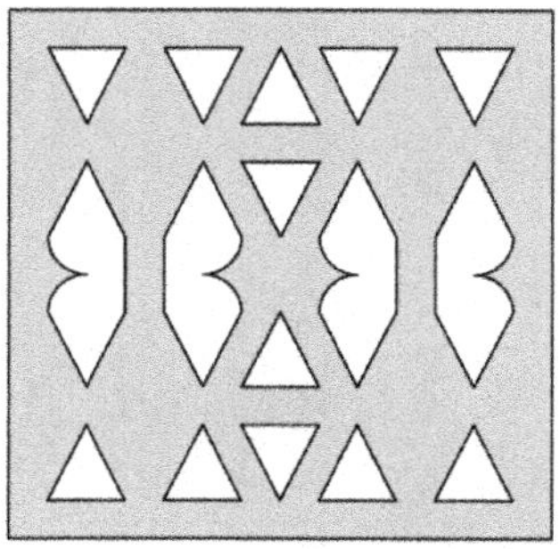
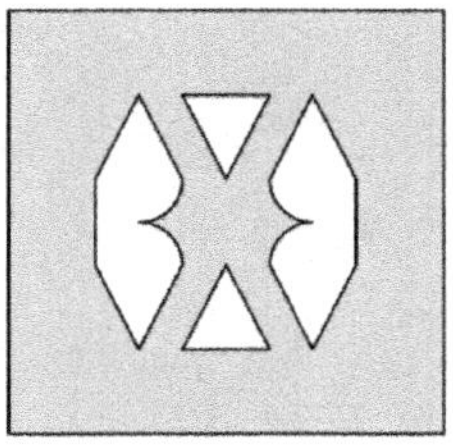
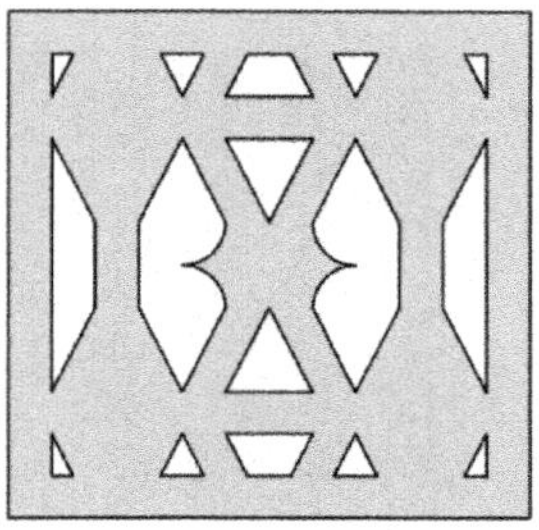

106

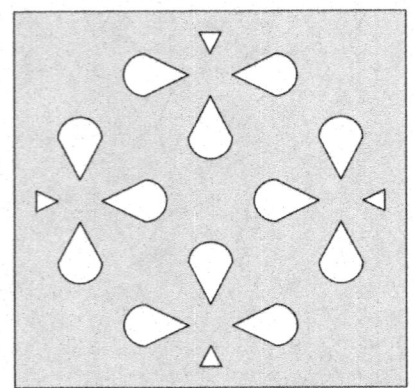

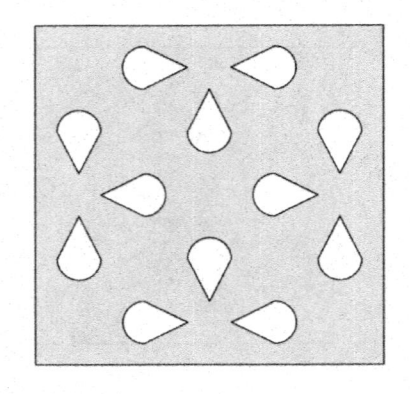

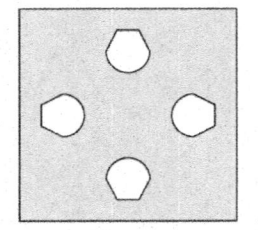

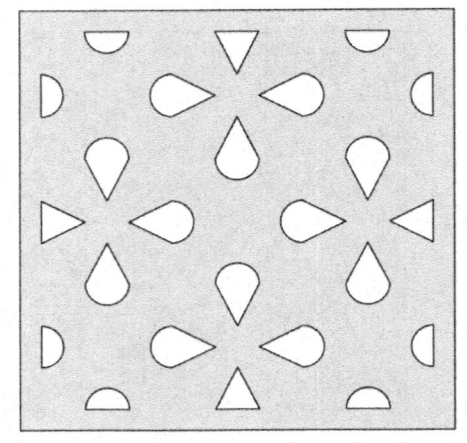

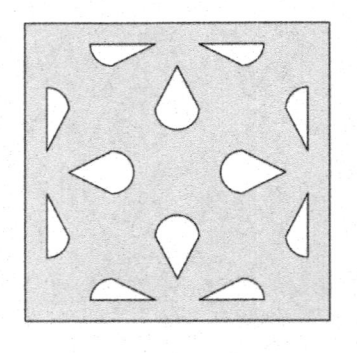

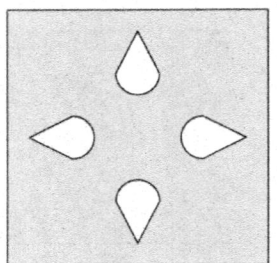

107

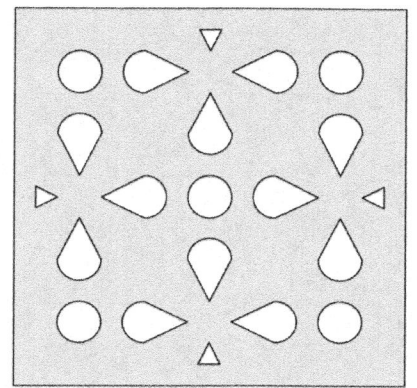

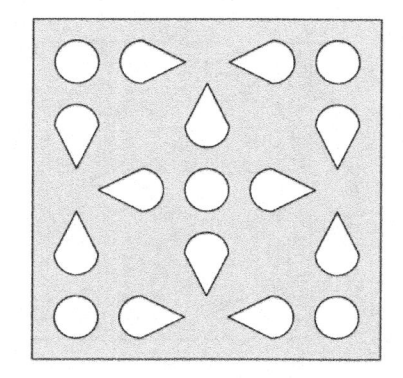

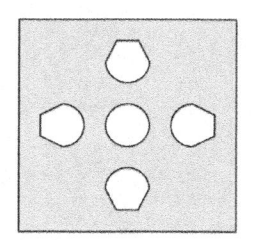

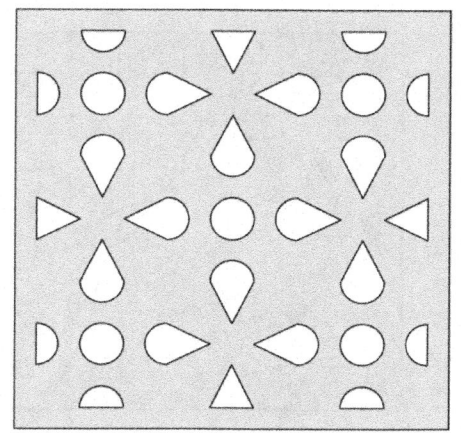

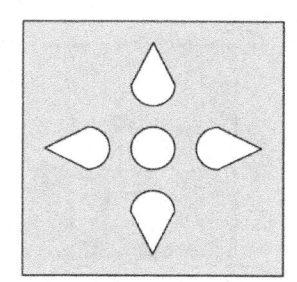

108

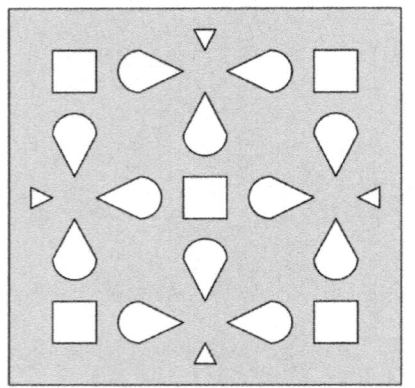

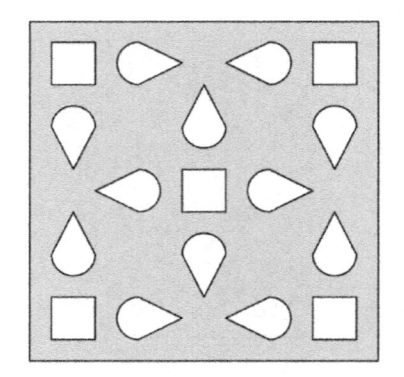

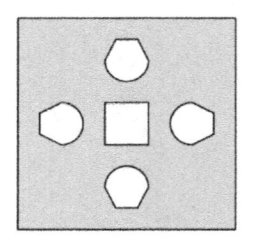

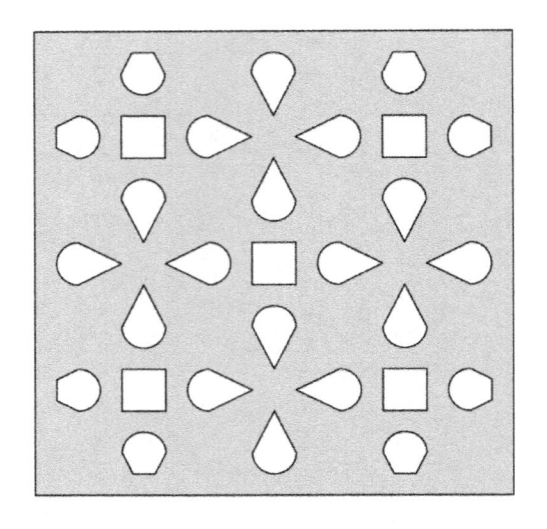

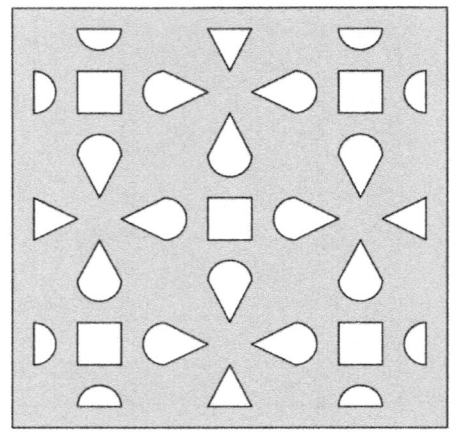

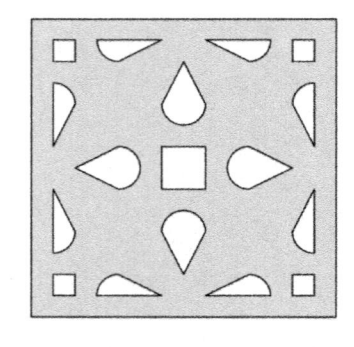

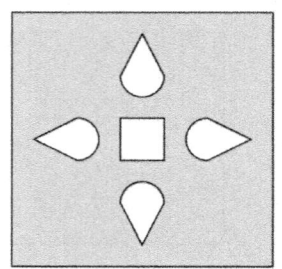

109

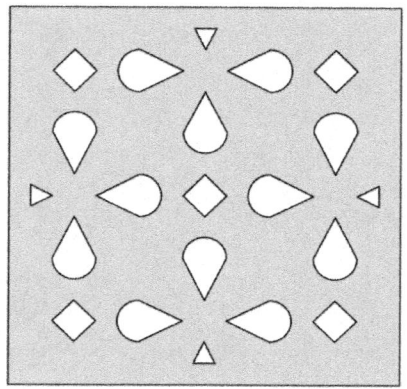

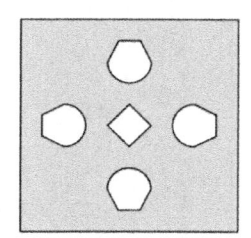

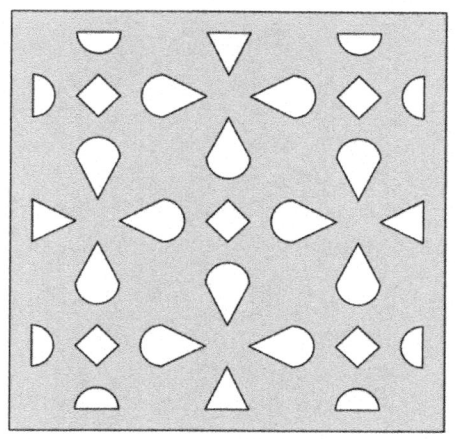

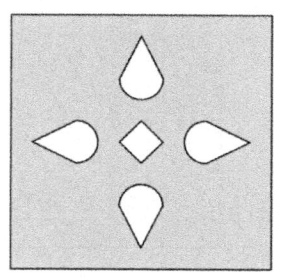

110

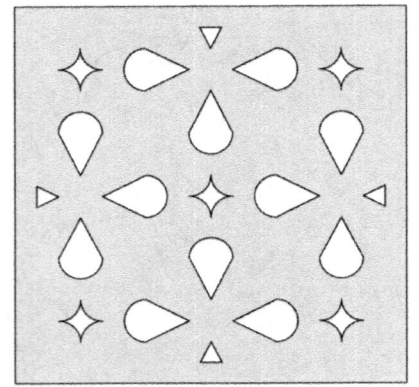

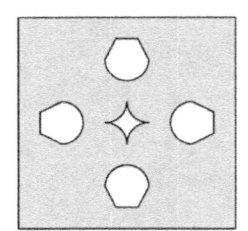

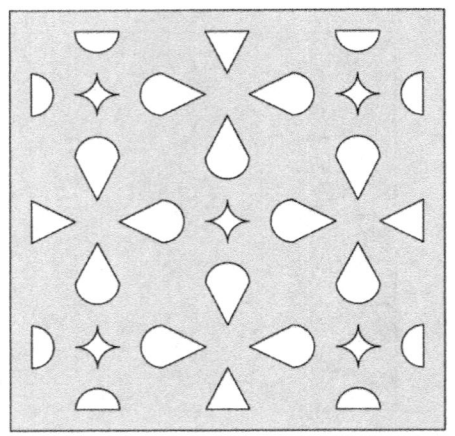

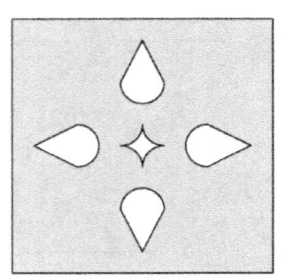

111

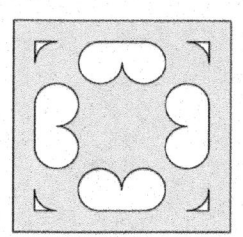

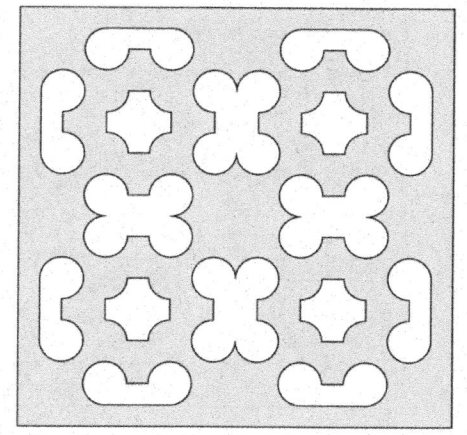

112

113

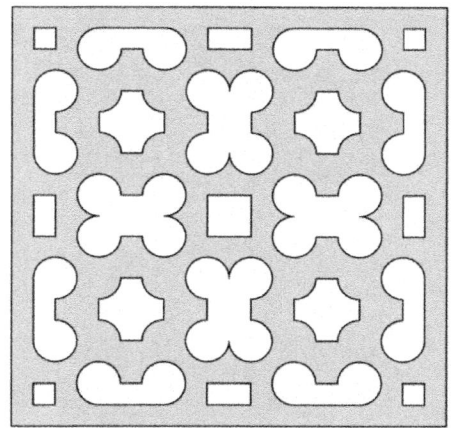

114

115

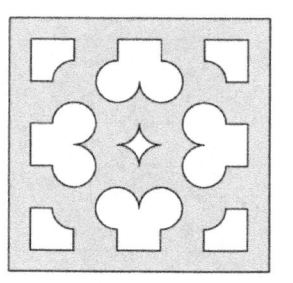

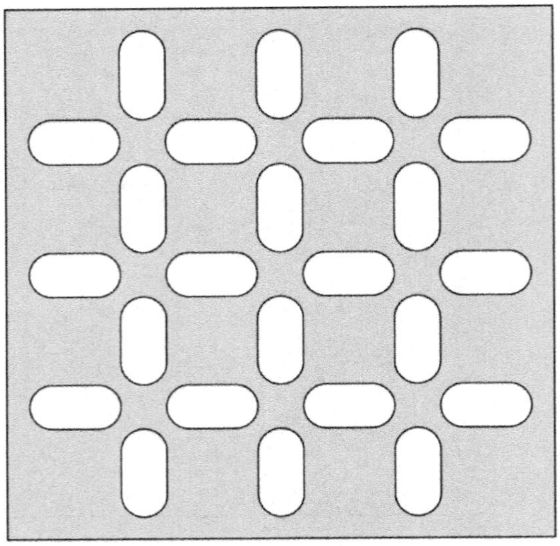

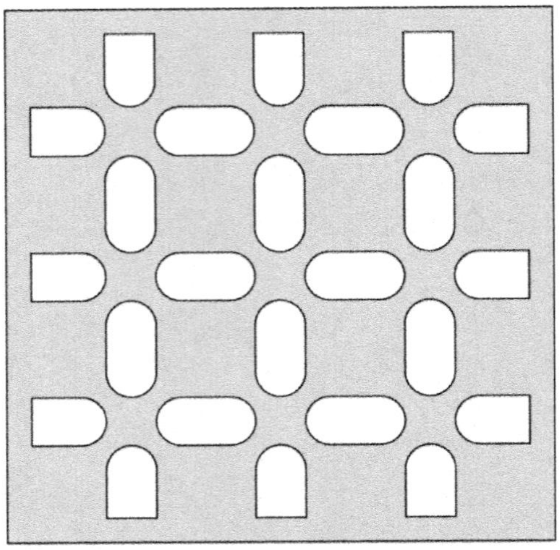

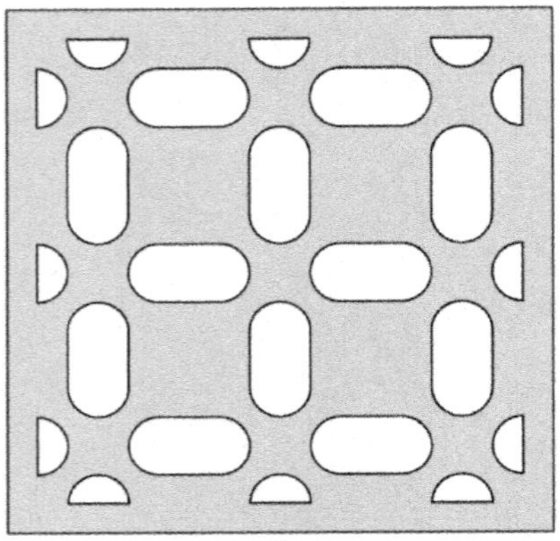

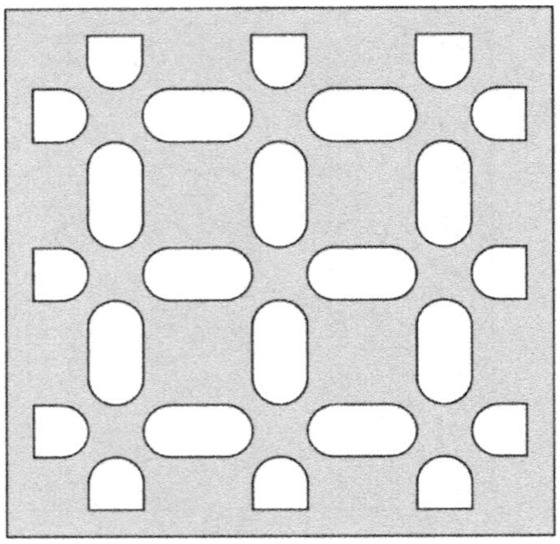

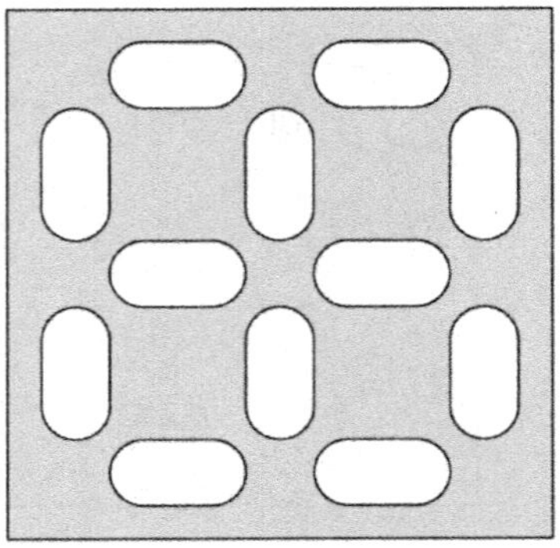

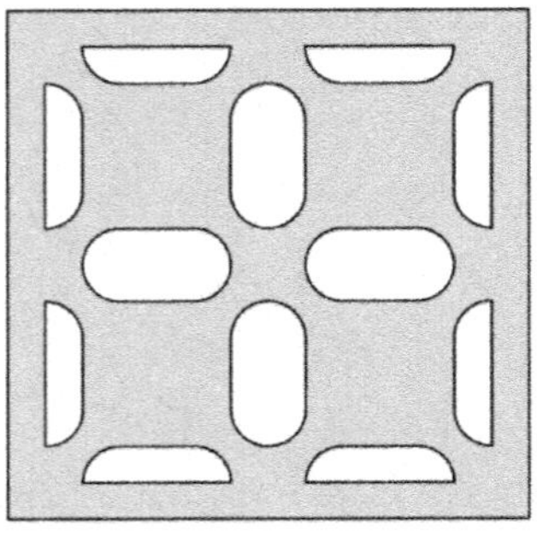

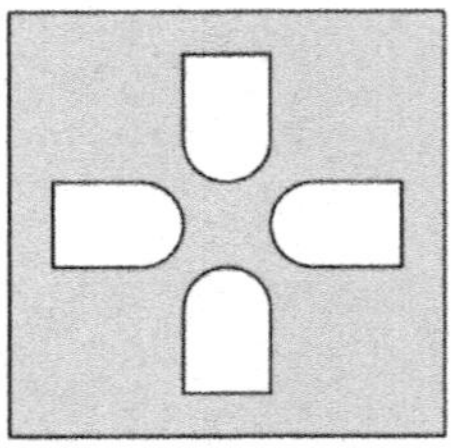

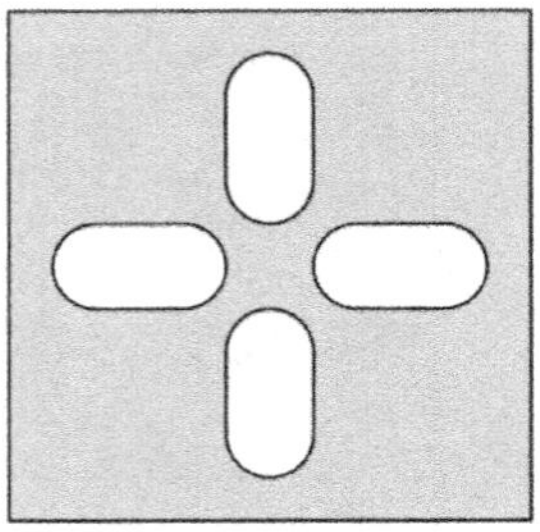

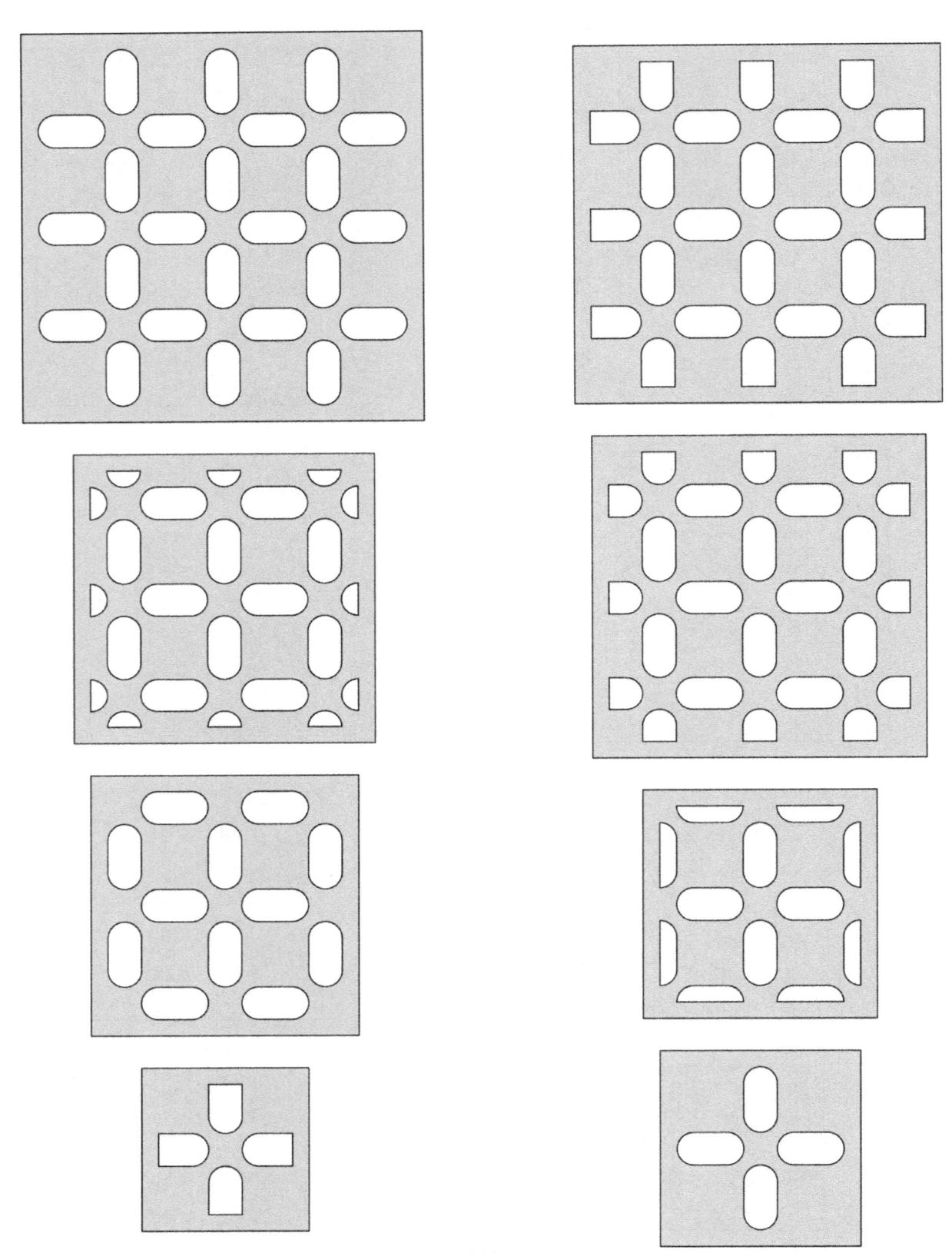

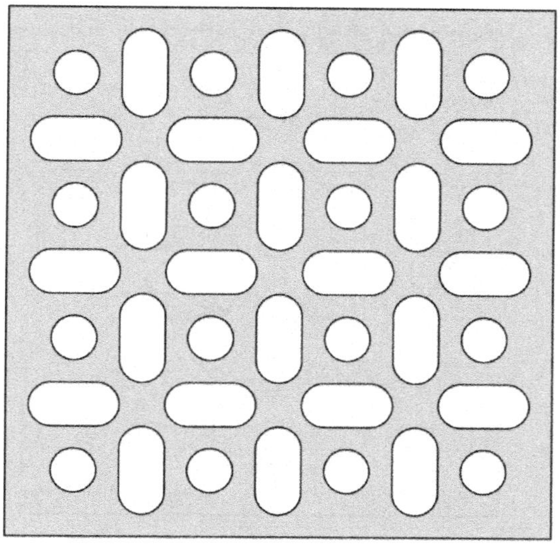
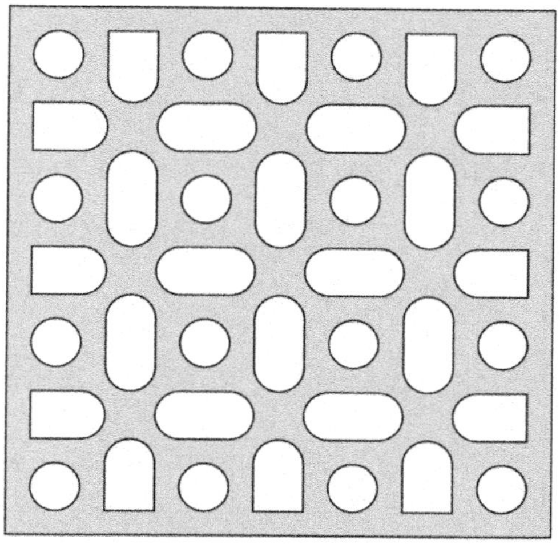
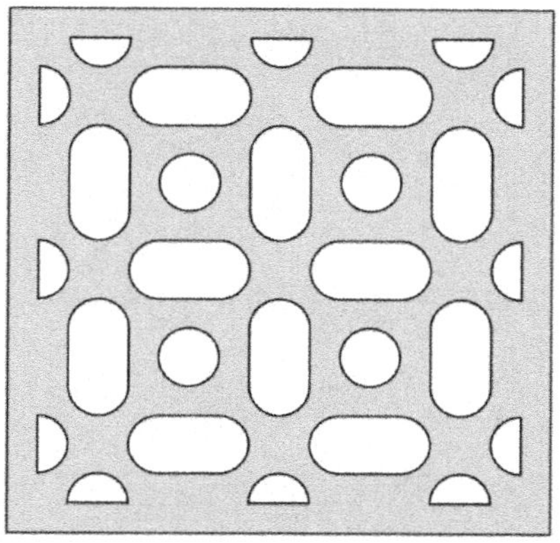
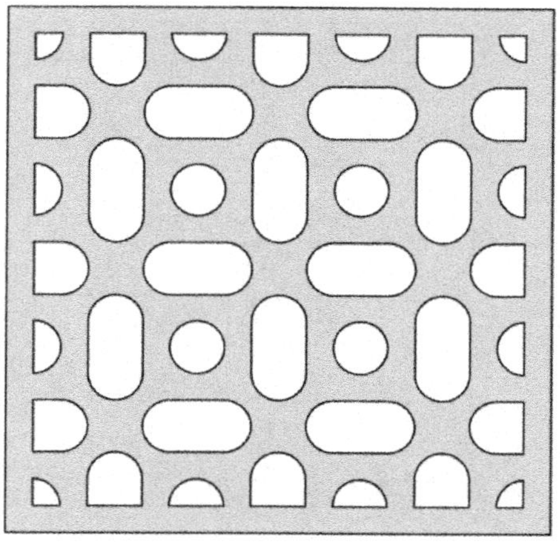
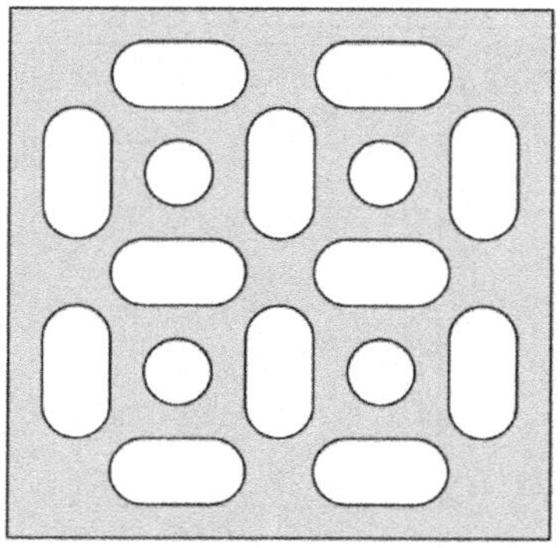
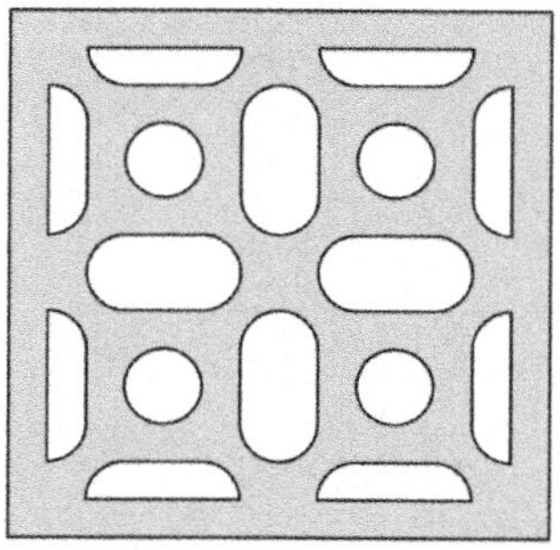
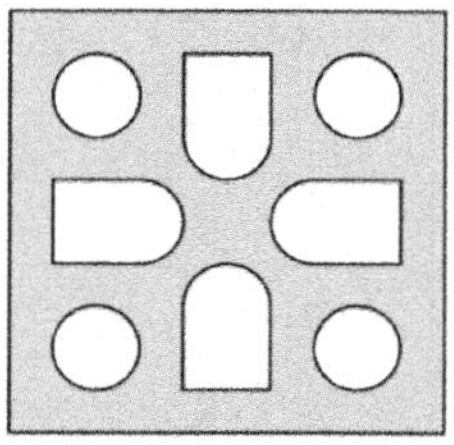
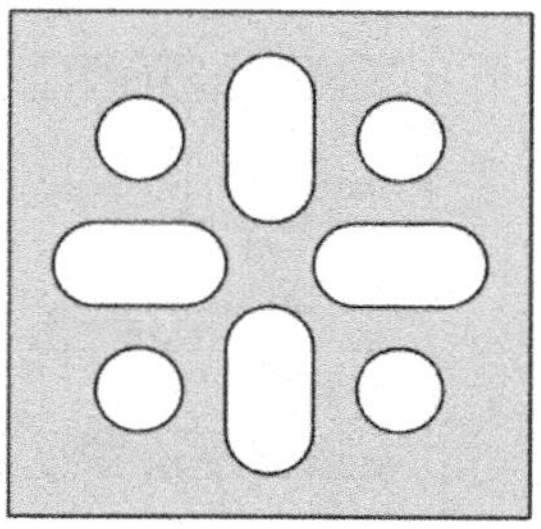

118

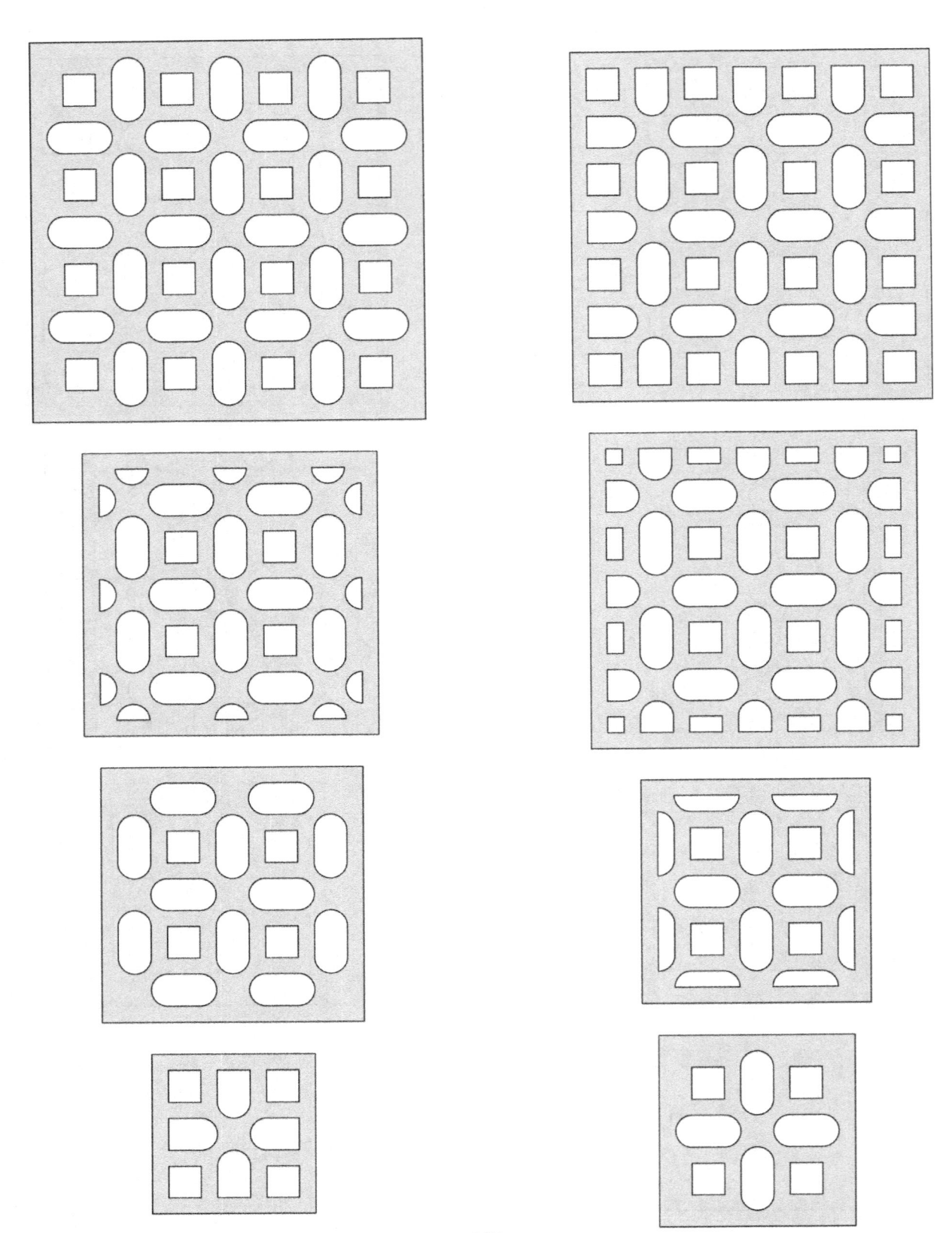

119

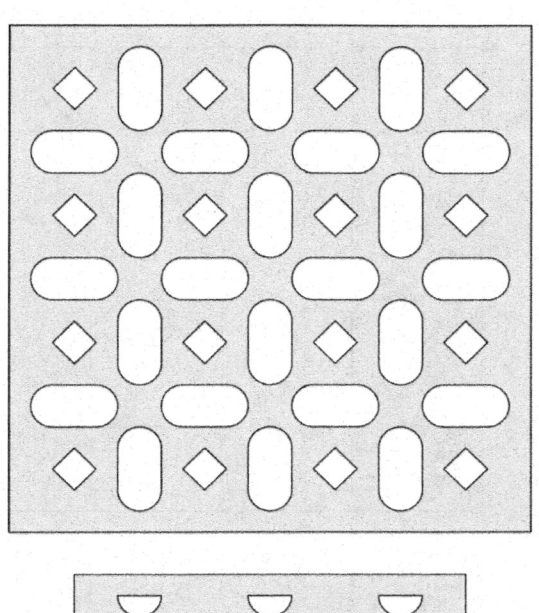

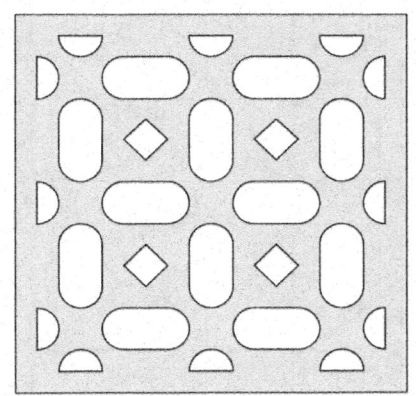

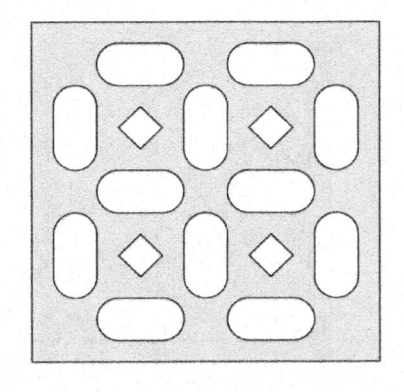

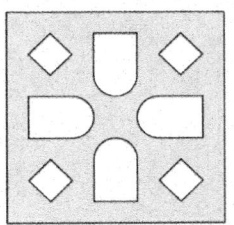

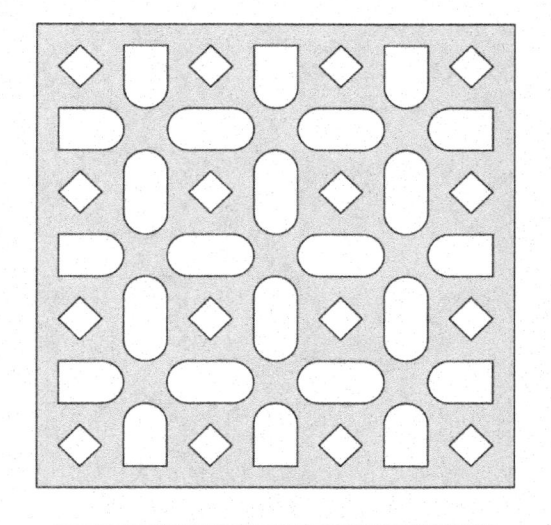

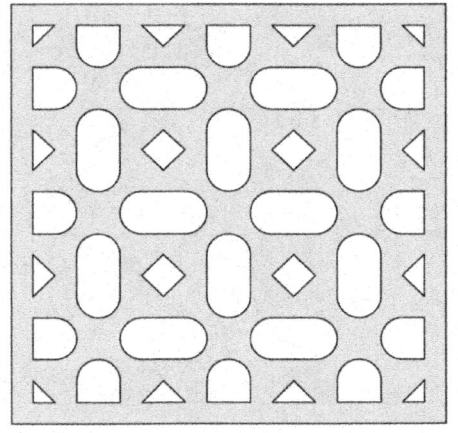

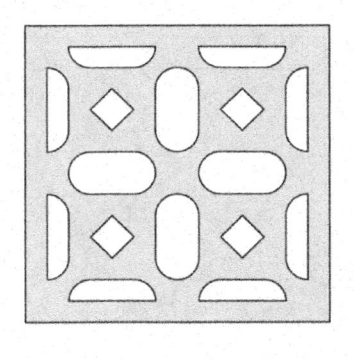

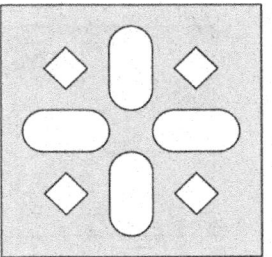

120

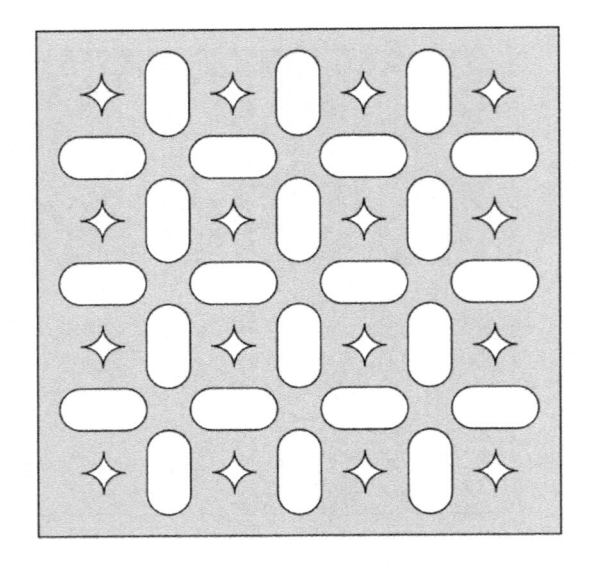

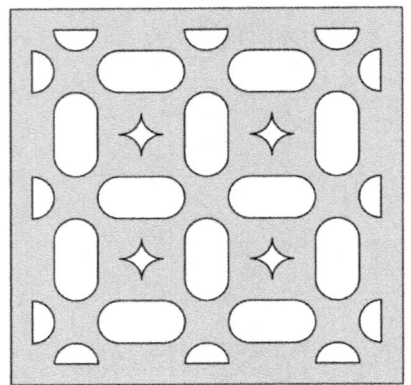

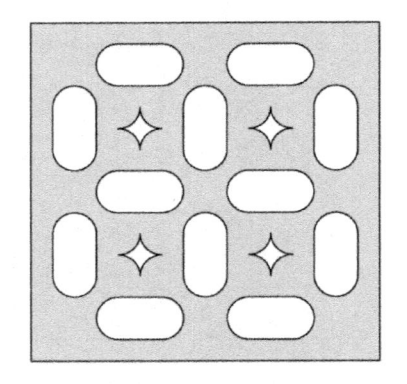

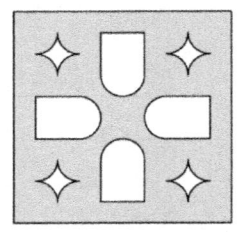

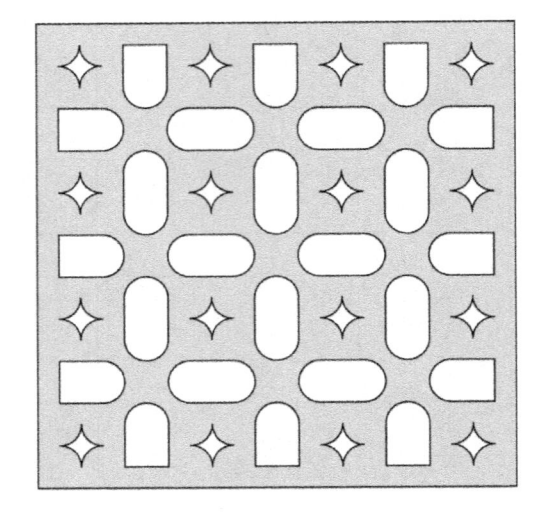

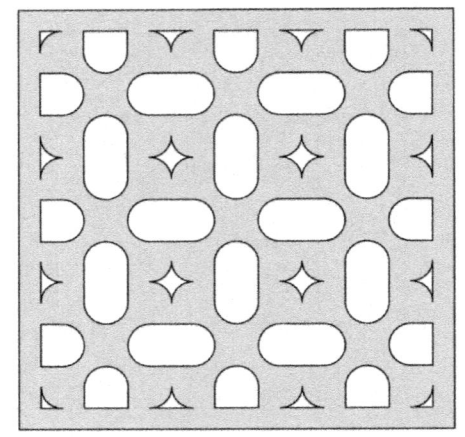

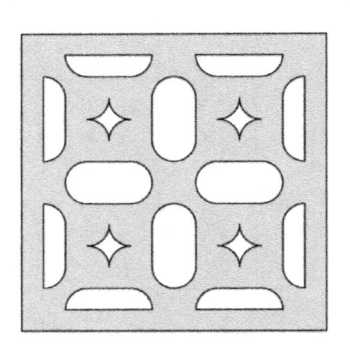

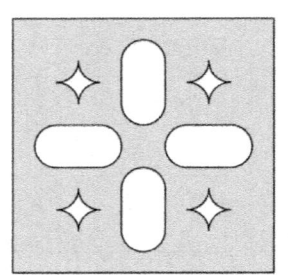

121

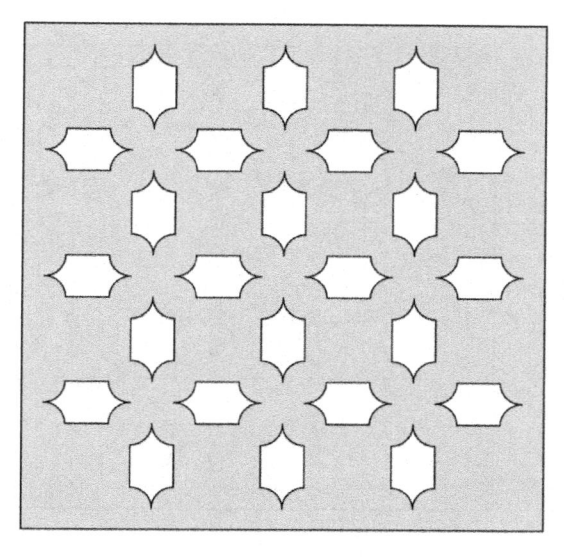

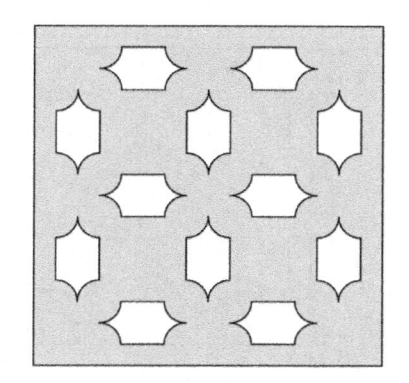

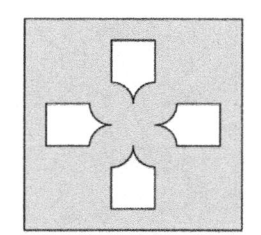

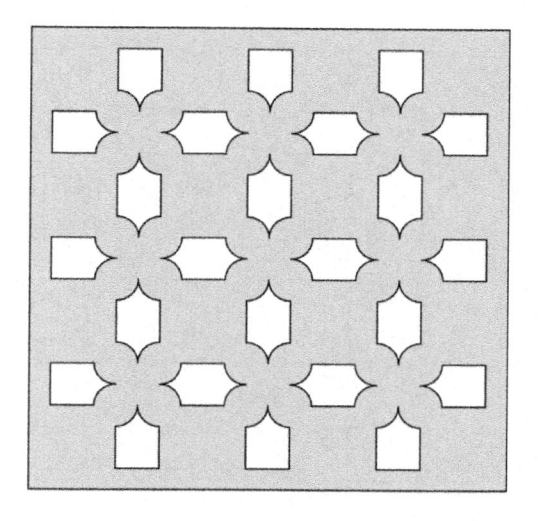

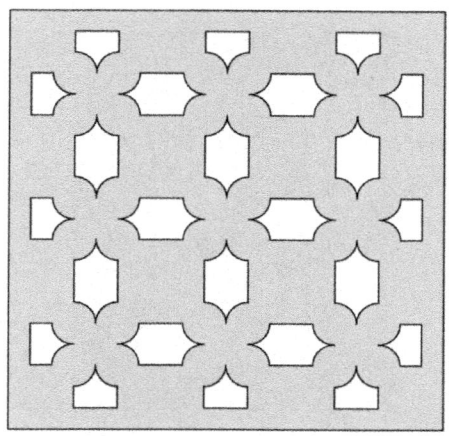

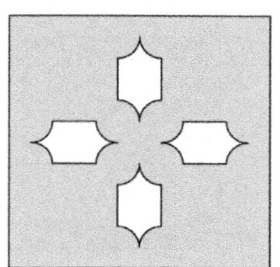

122

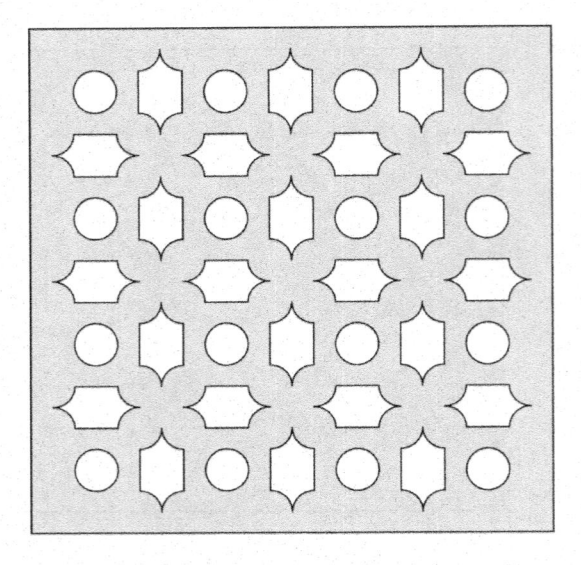

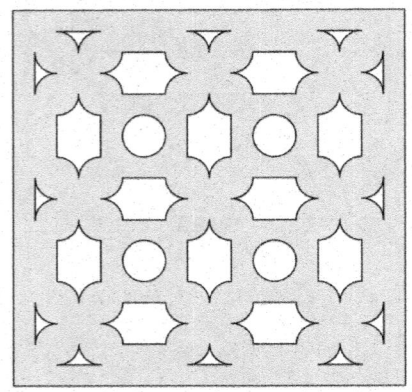

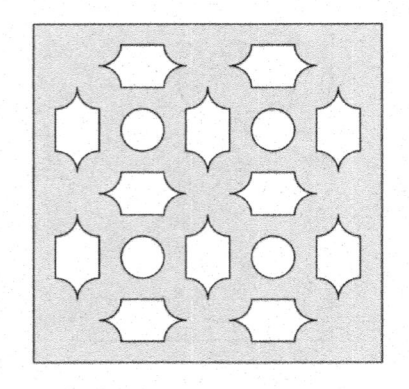

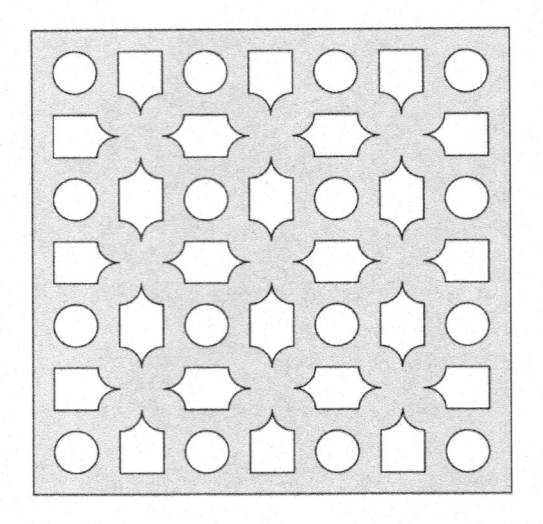

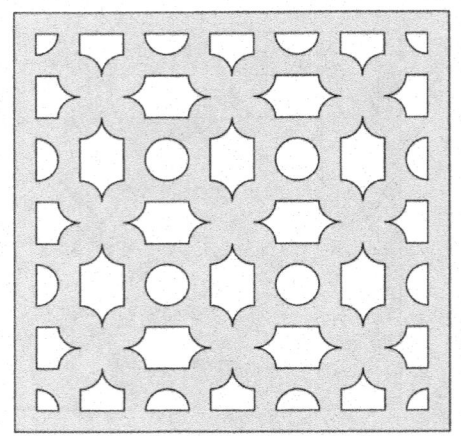

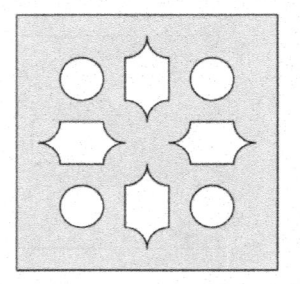

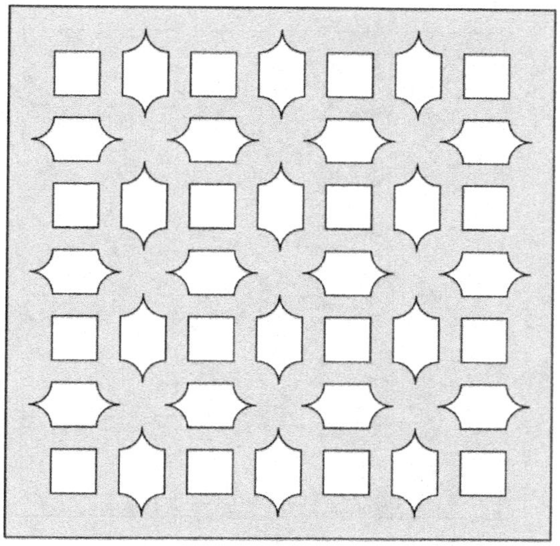

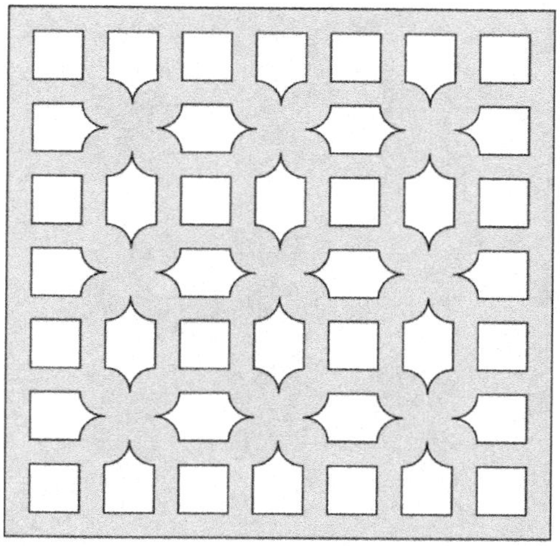

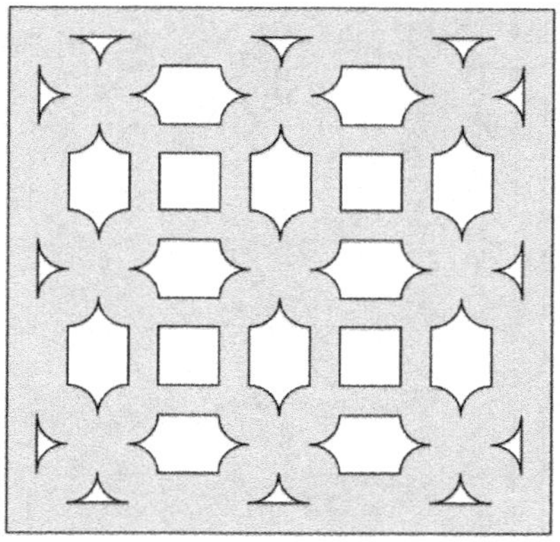

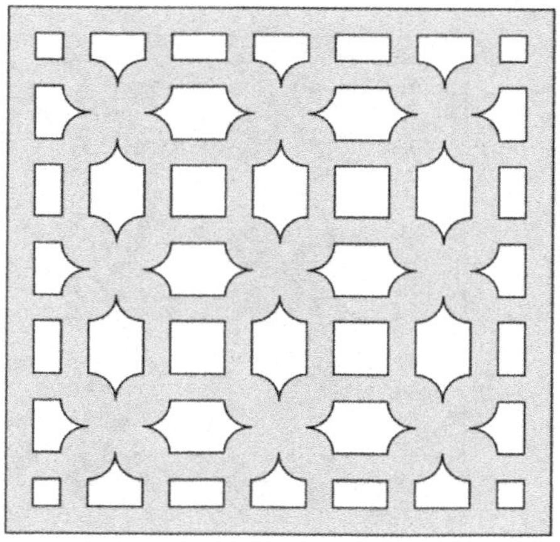

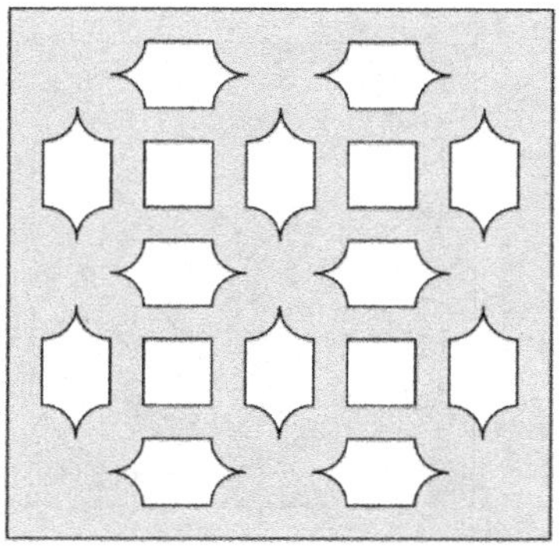

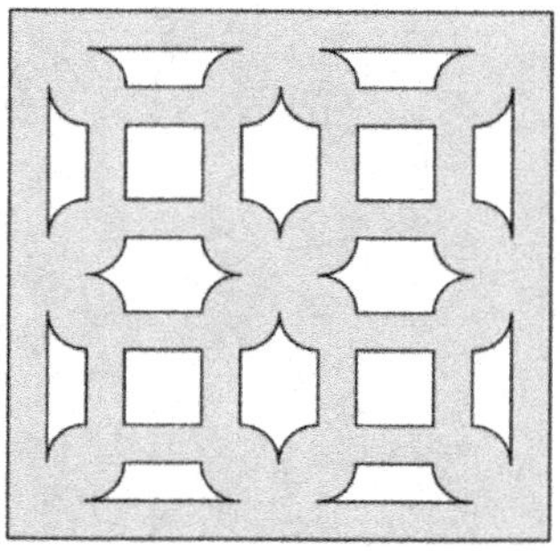

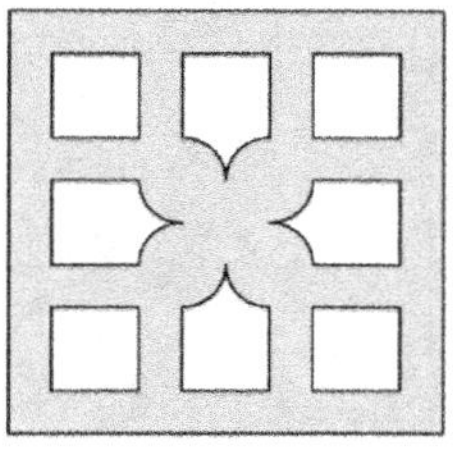

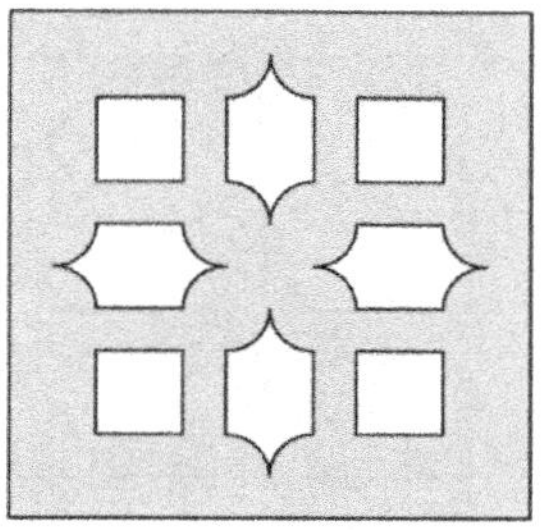

124

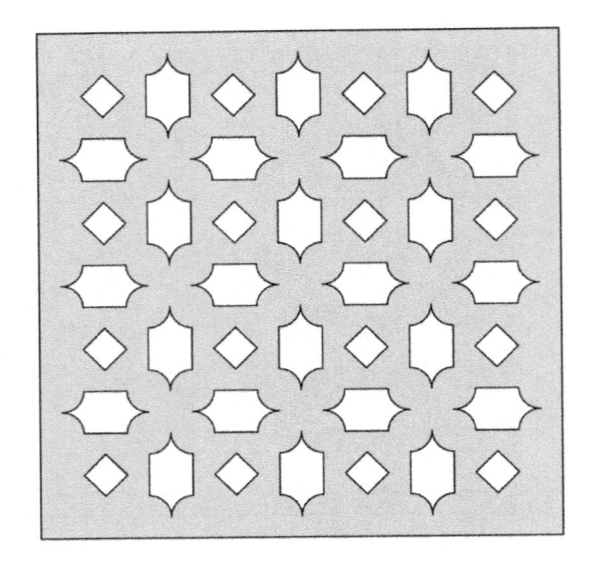

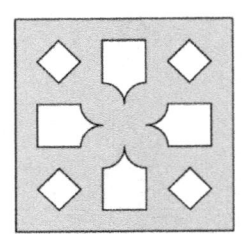

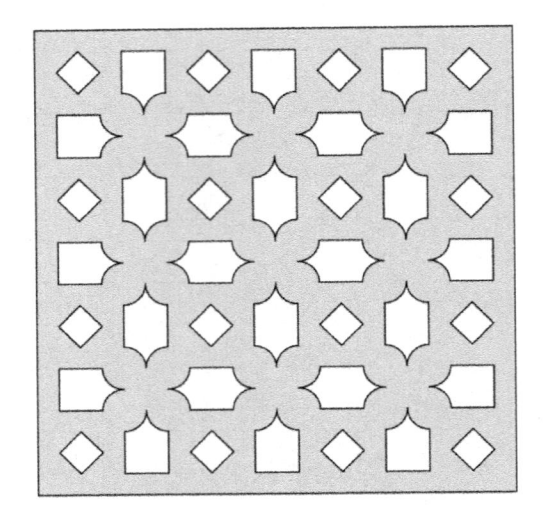

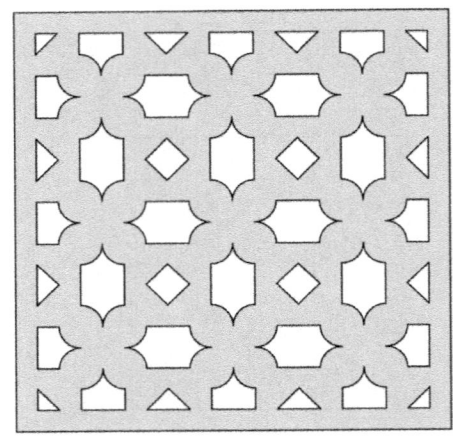

125

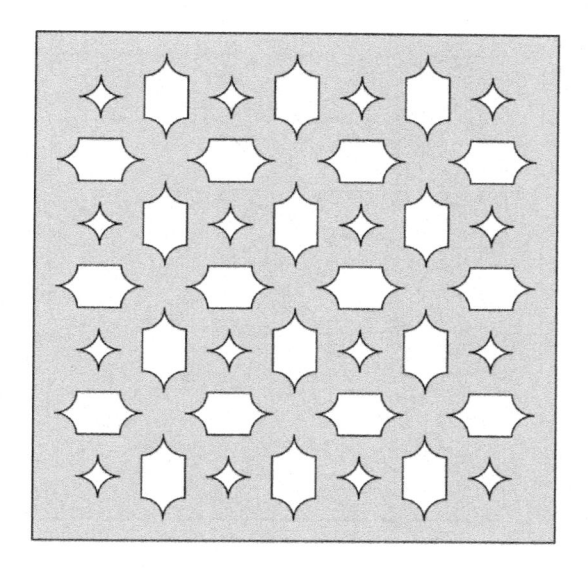

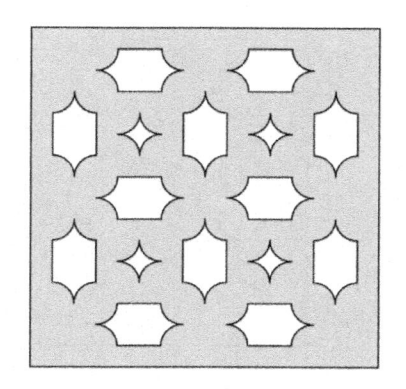

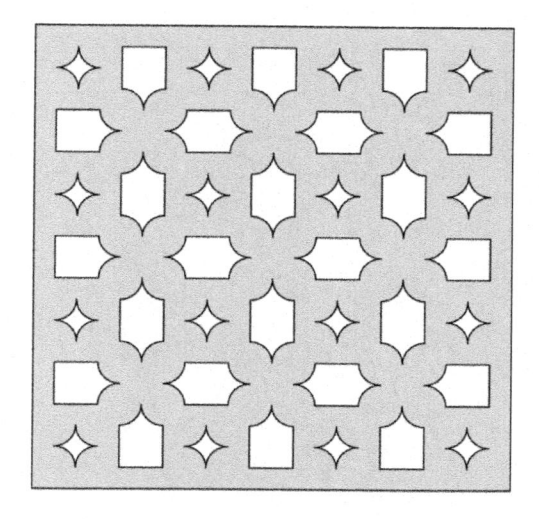

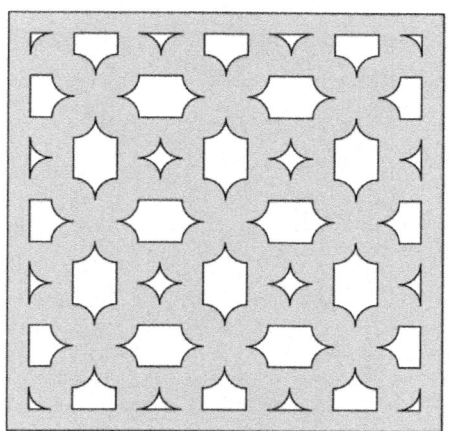

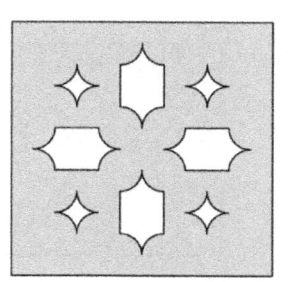

126

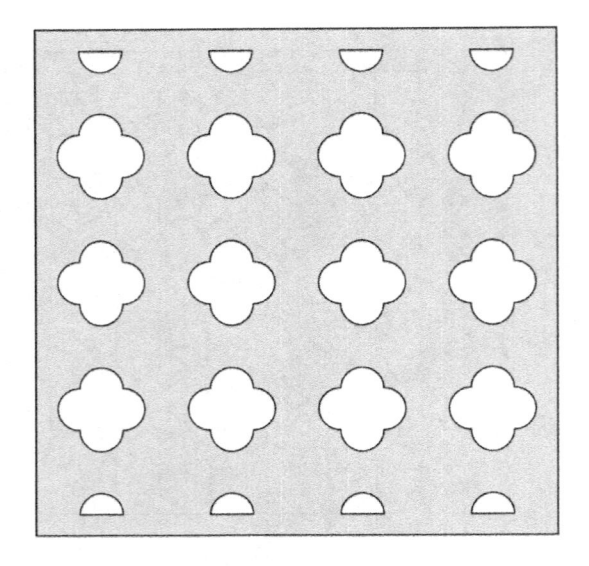

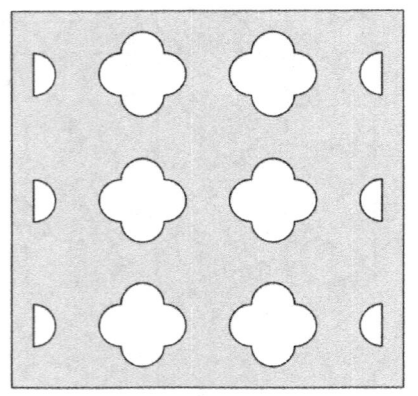

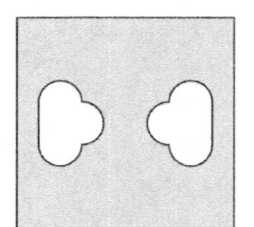

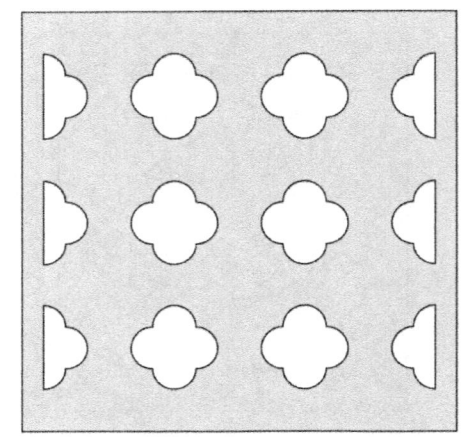

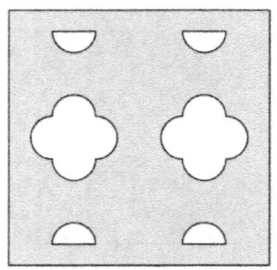

127

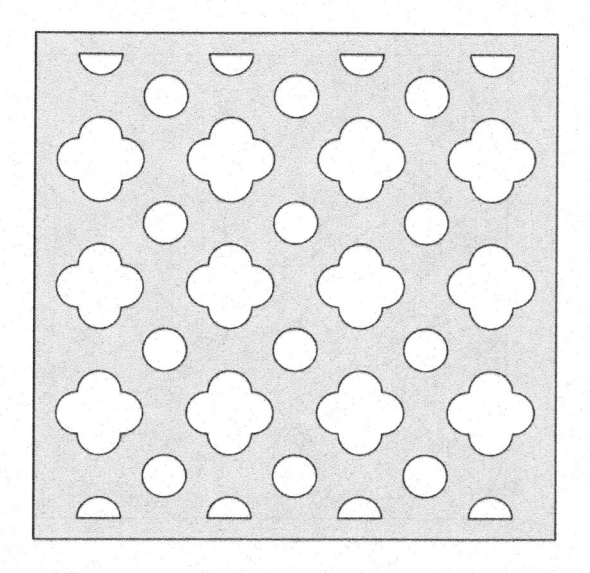

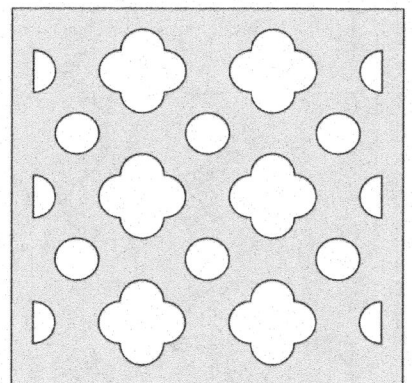

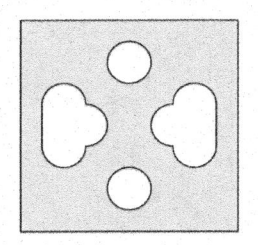

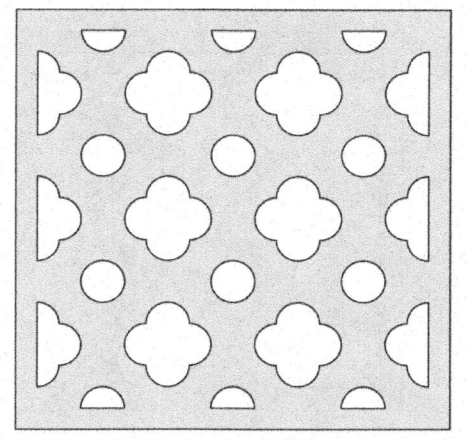

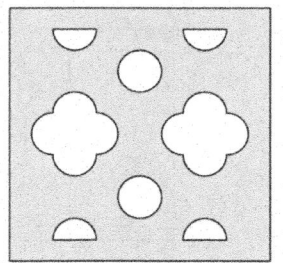

128

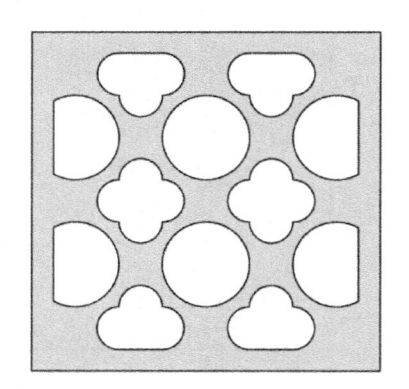

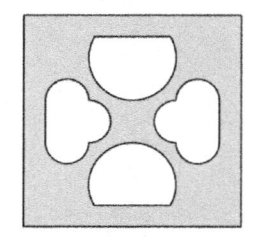

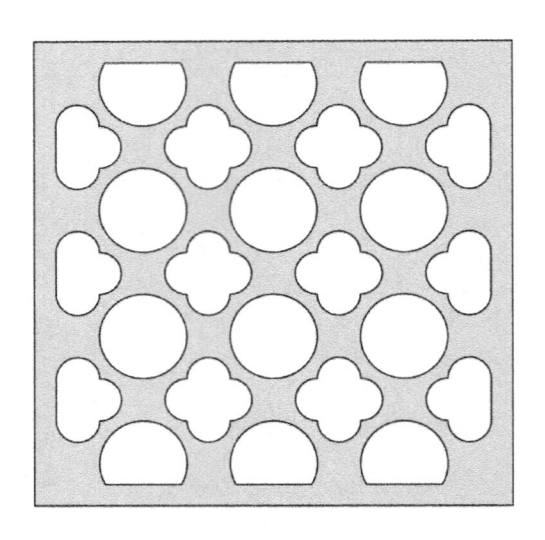

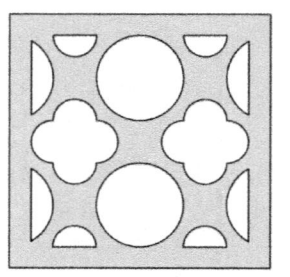

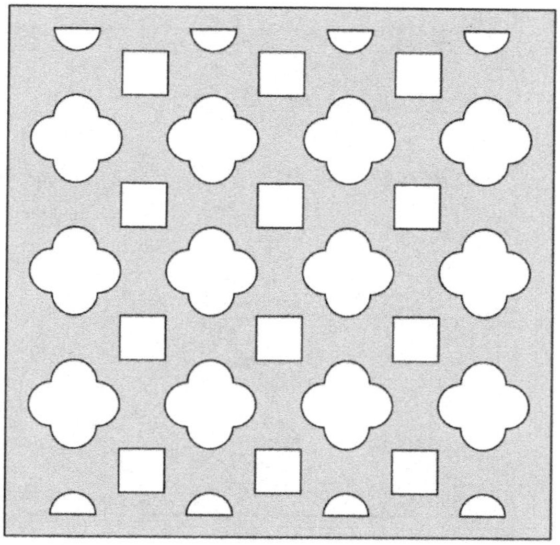
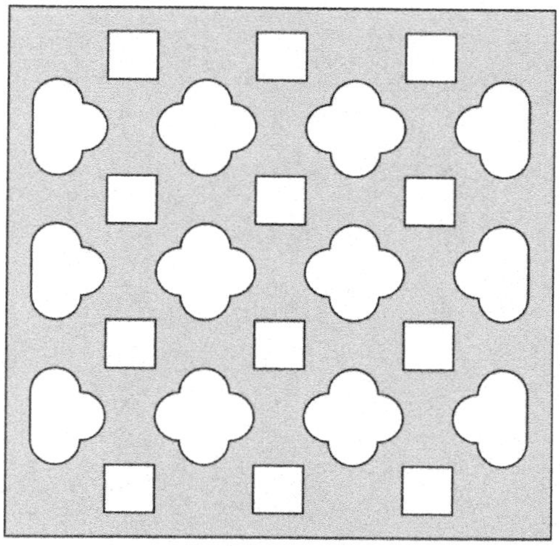
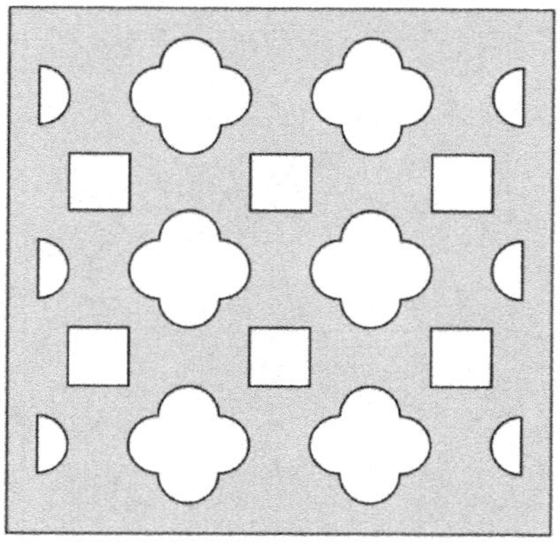
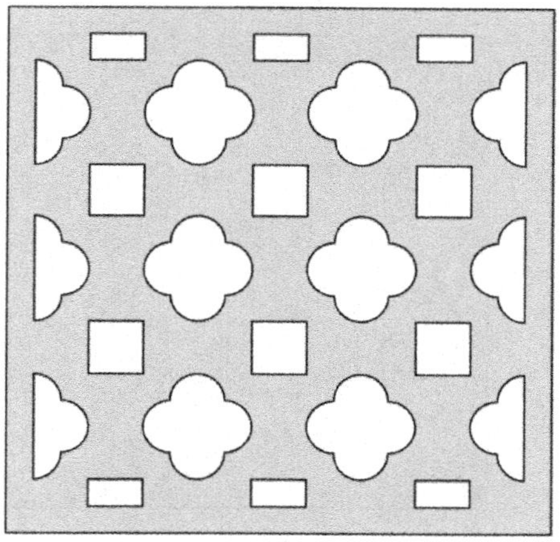
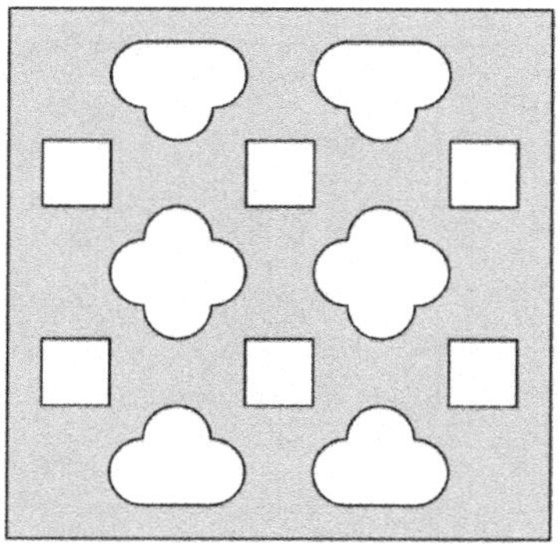
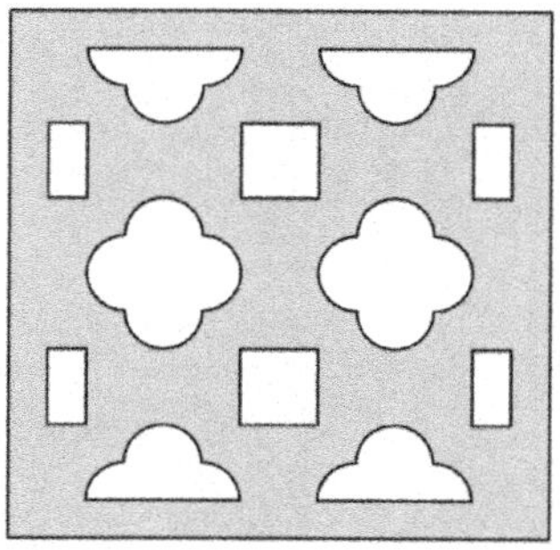
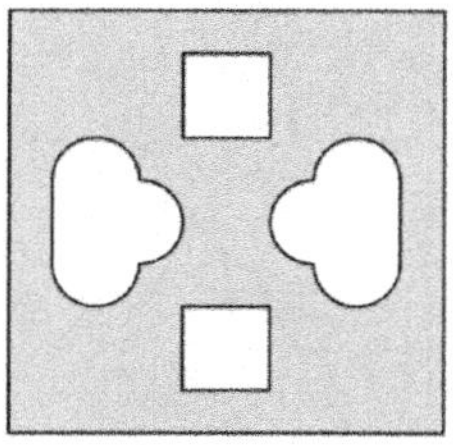
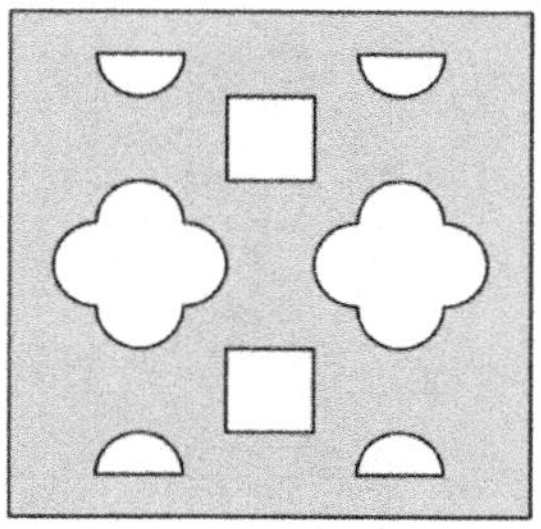

130

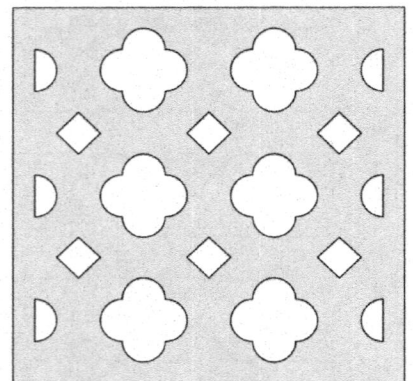

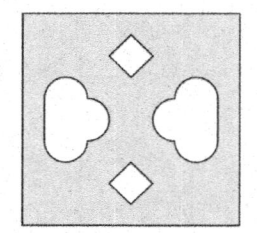

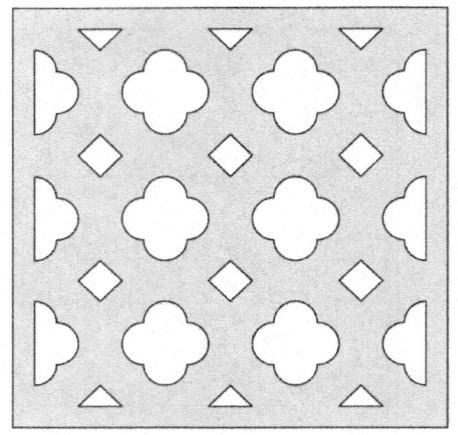

131

132

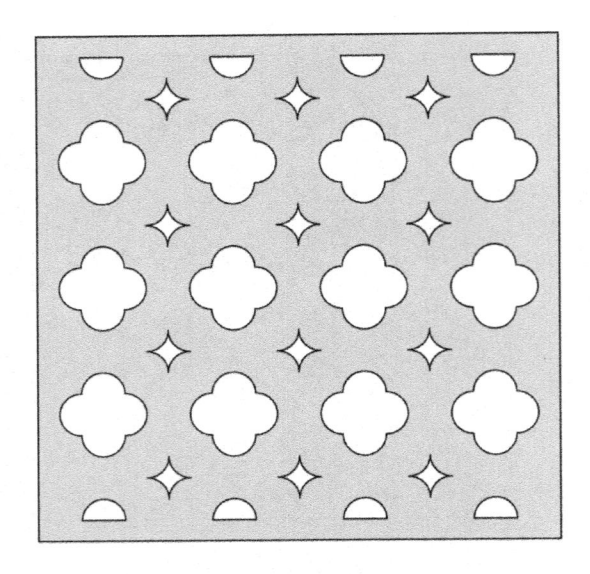

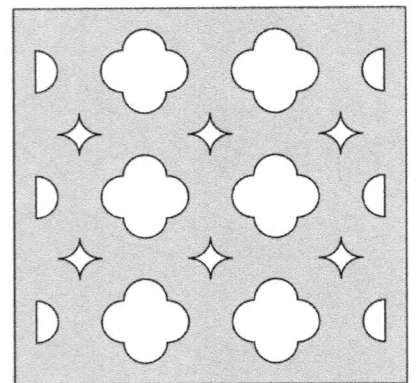

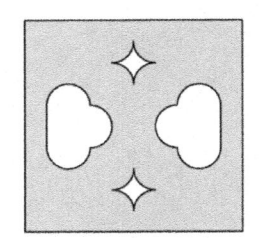

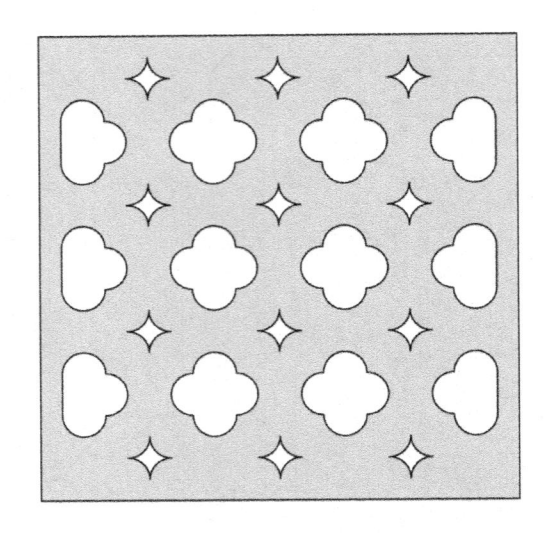

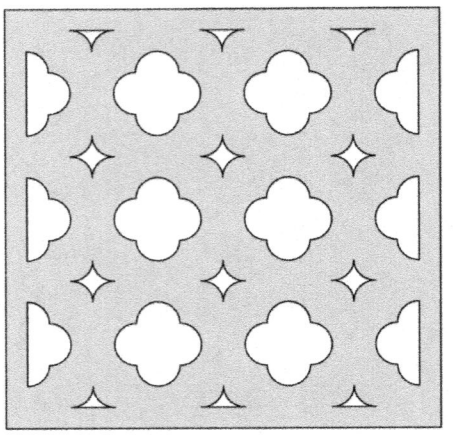

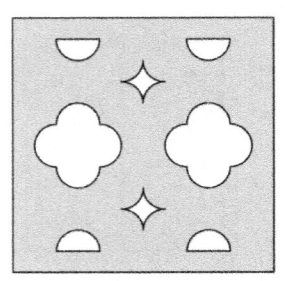

133

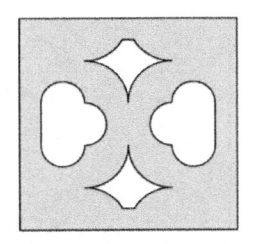

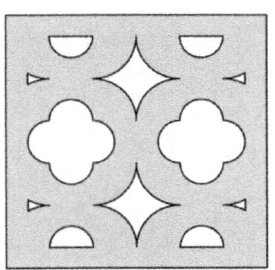

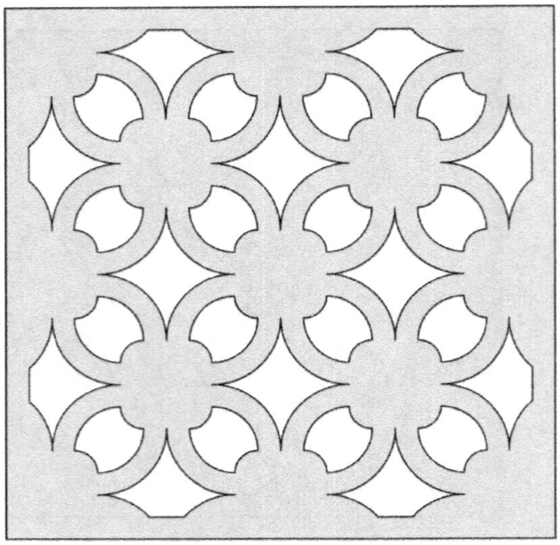
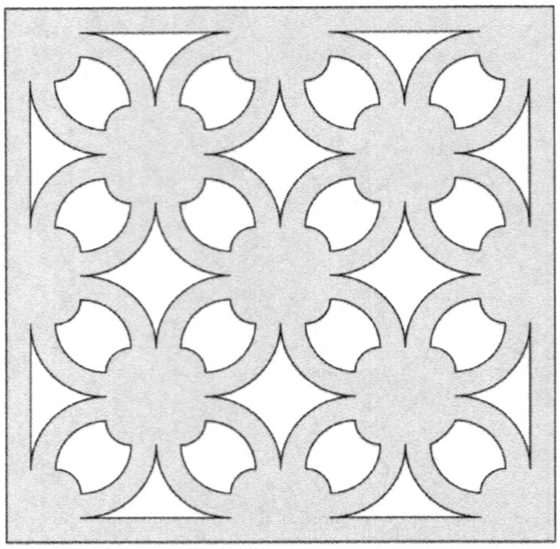
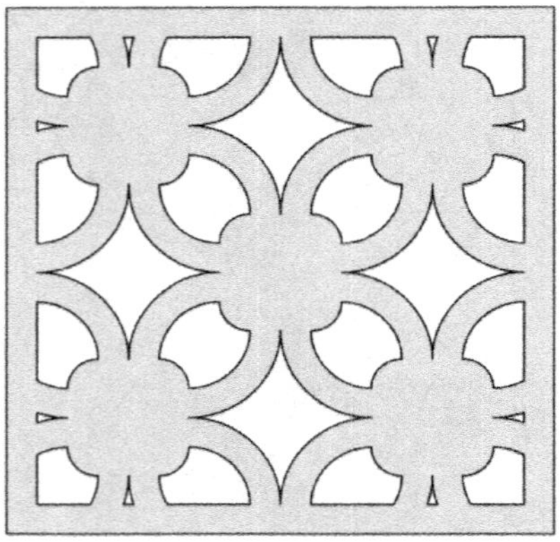
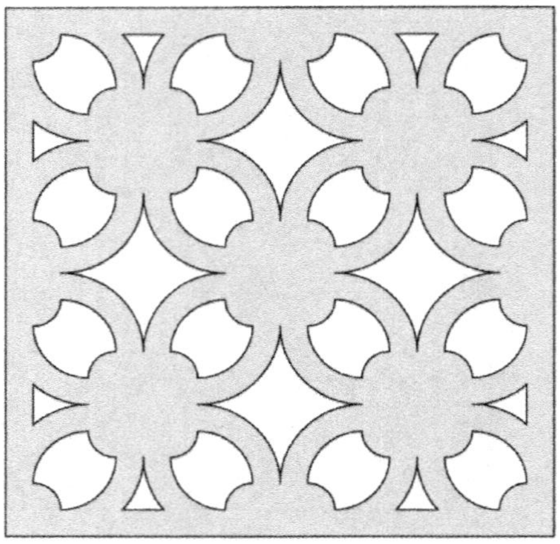
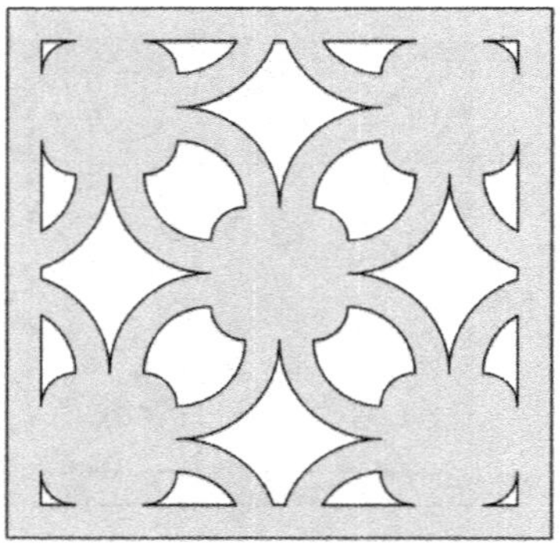
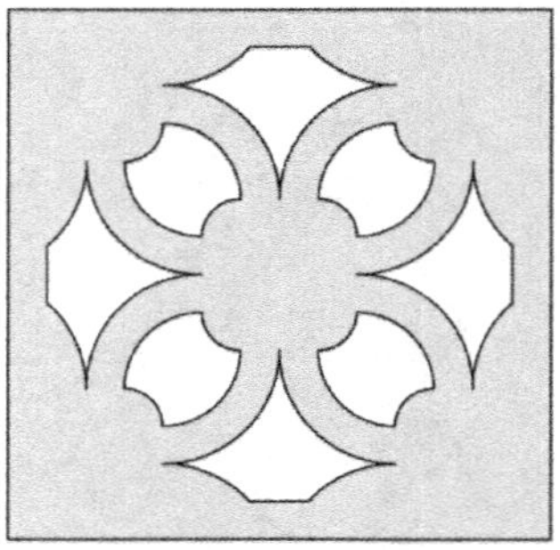
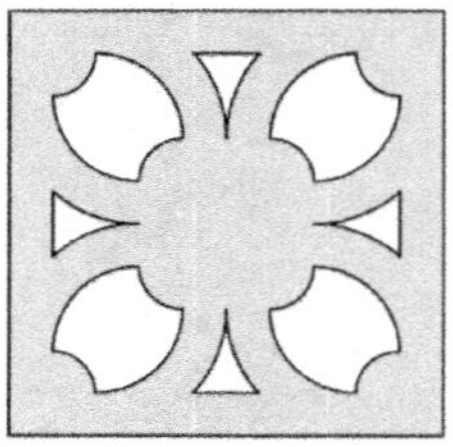
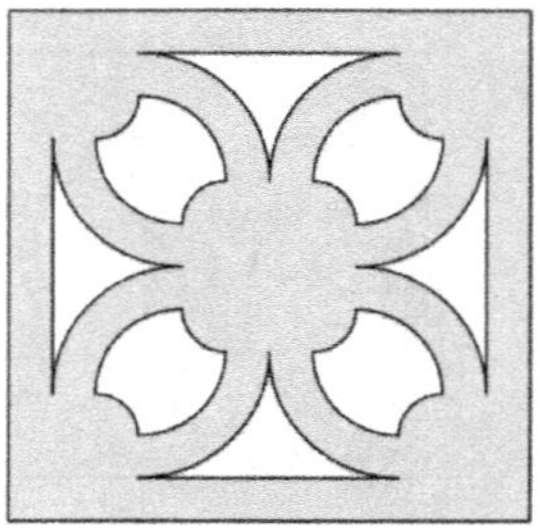

135

136

137

138

139

140

141

142

143

144

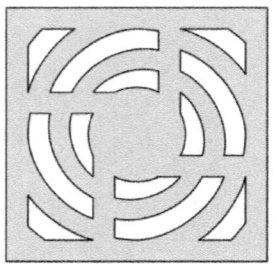

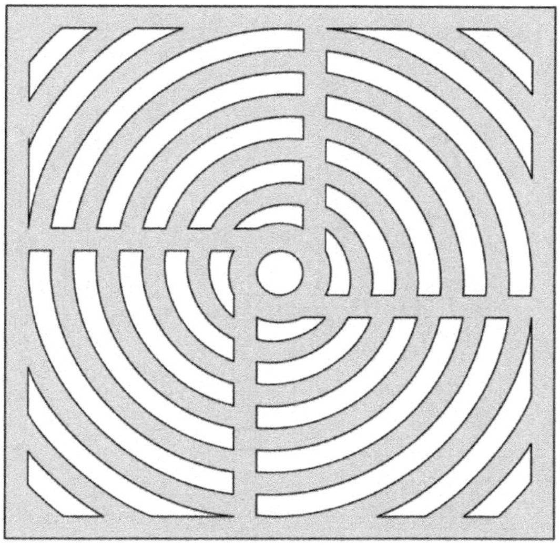

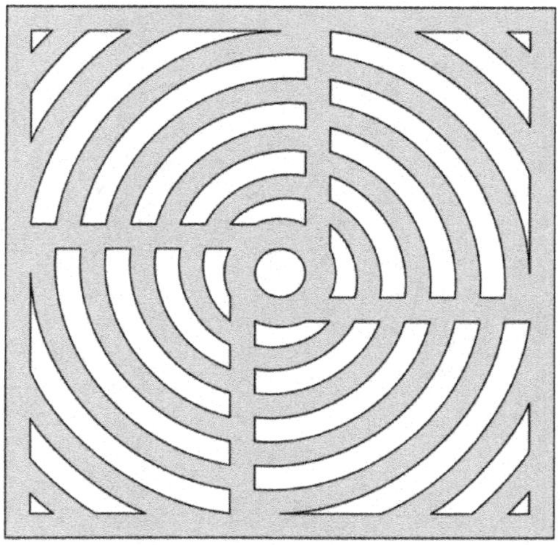

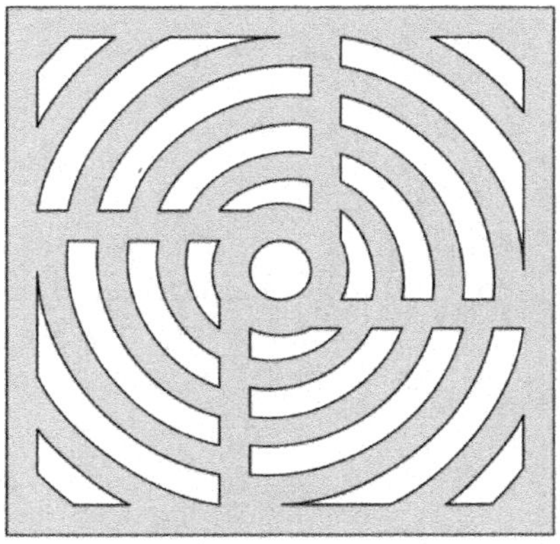

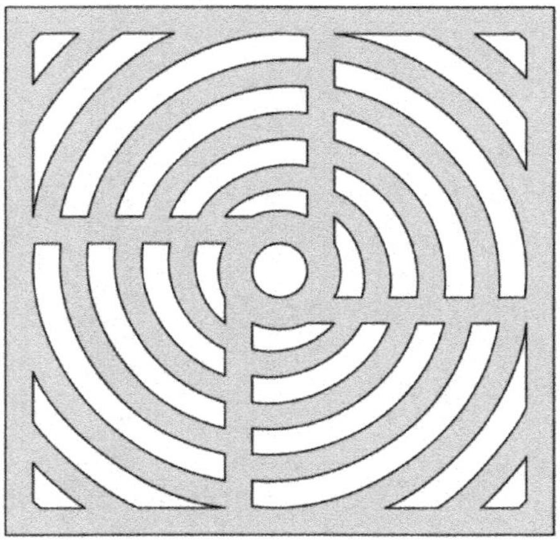

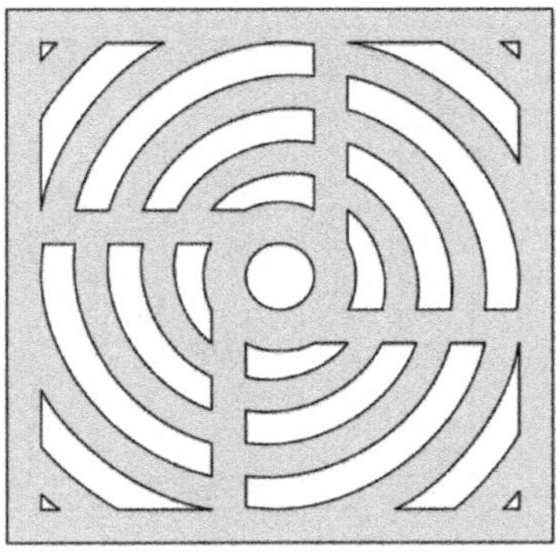

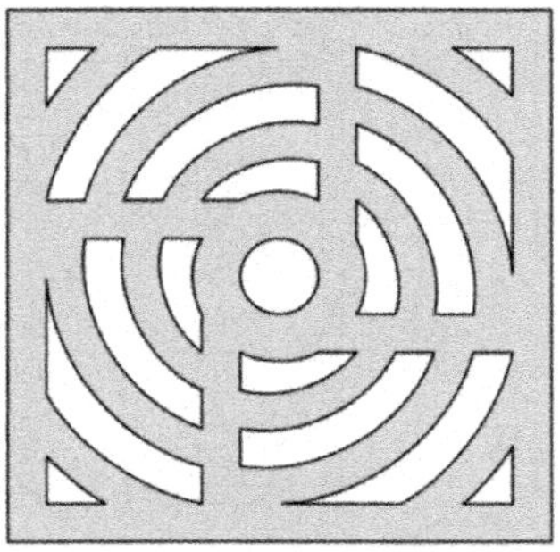

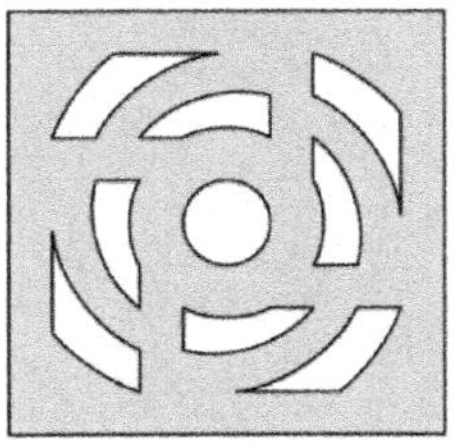

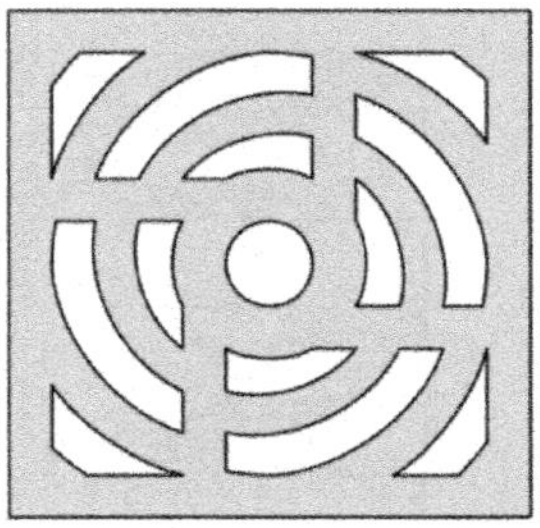

146

147

148

149

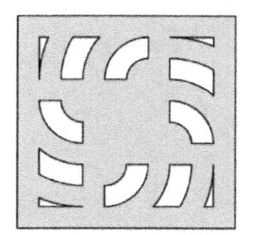

150

151

152

153

154

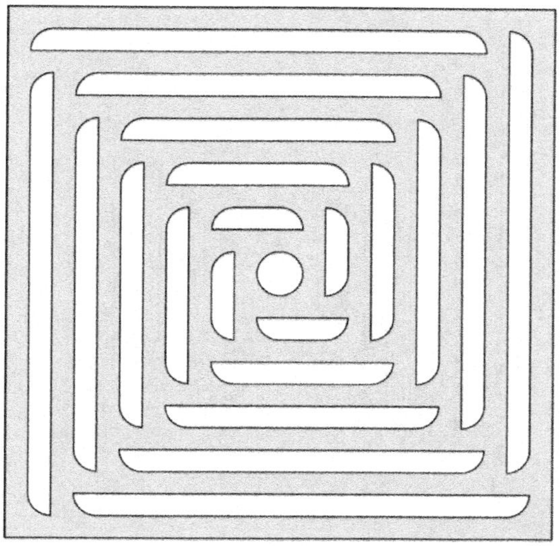
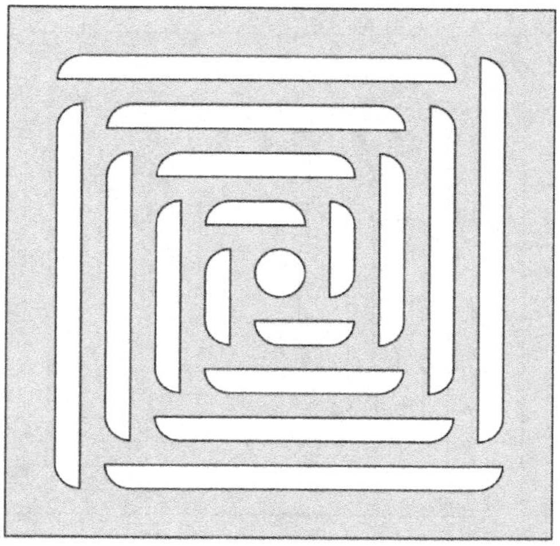
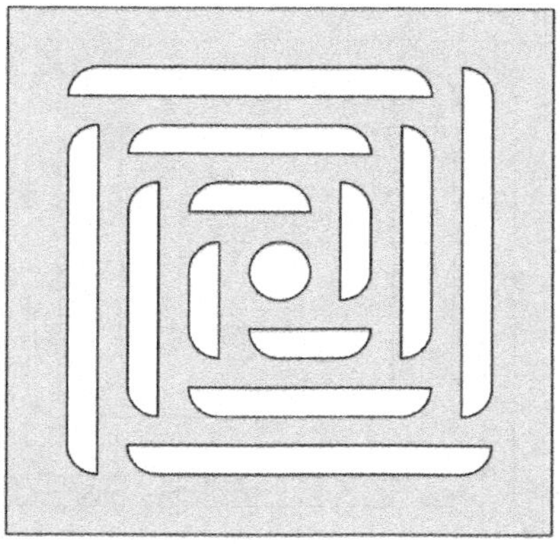
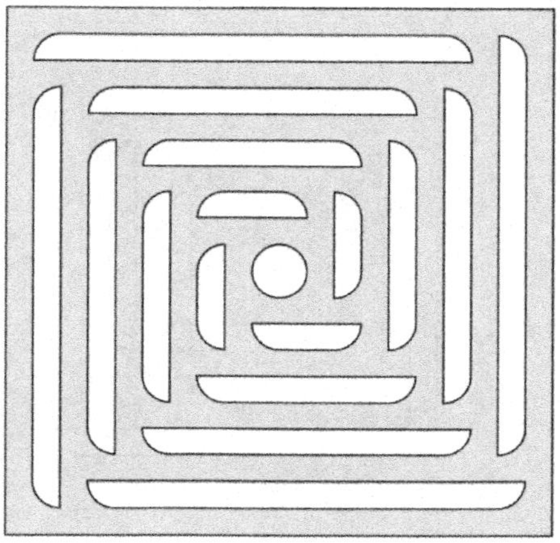
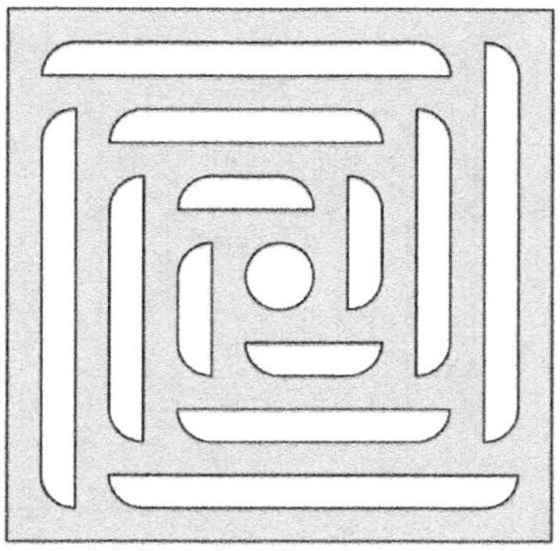
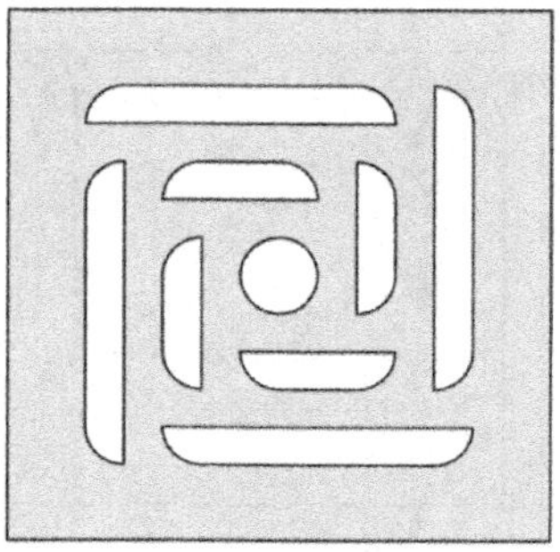
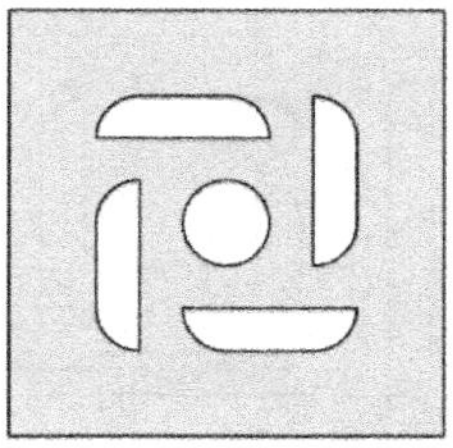
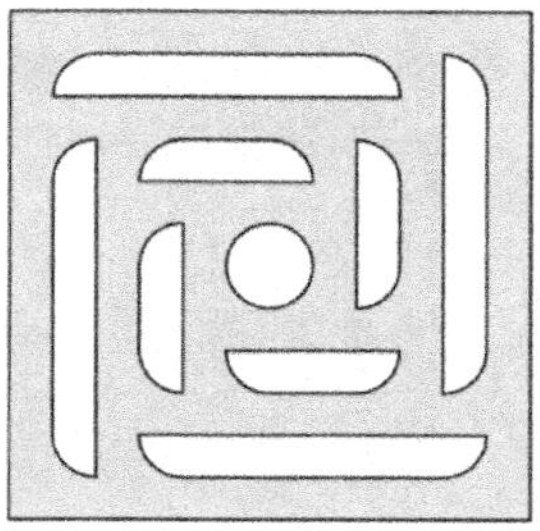

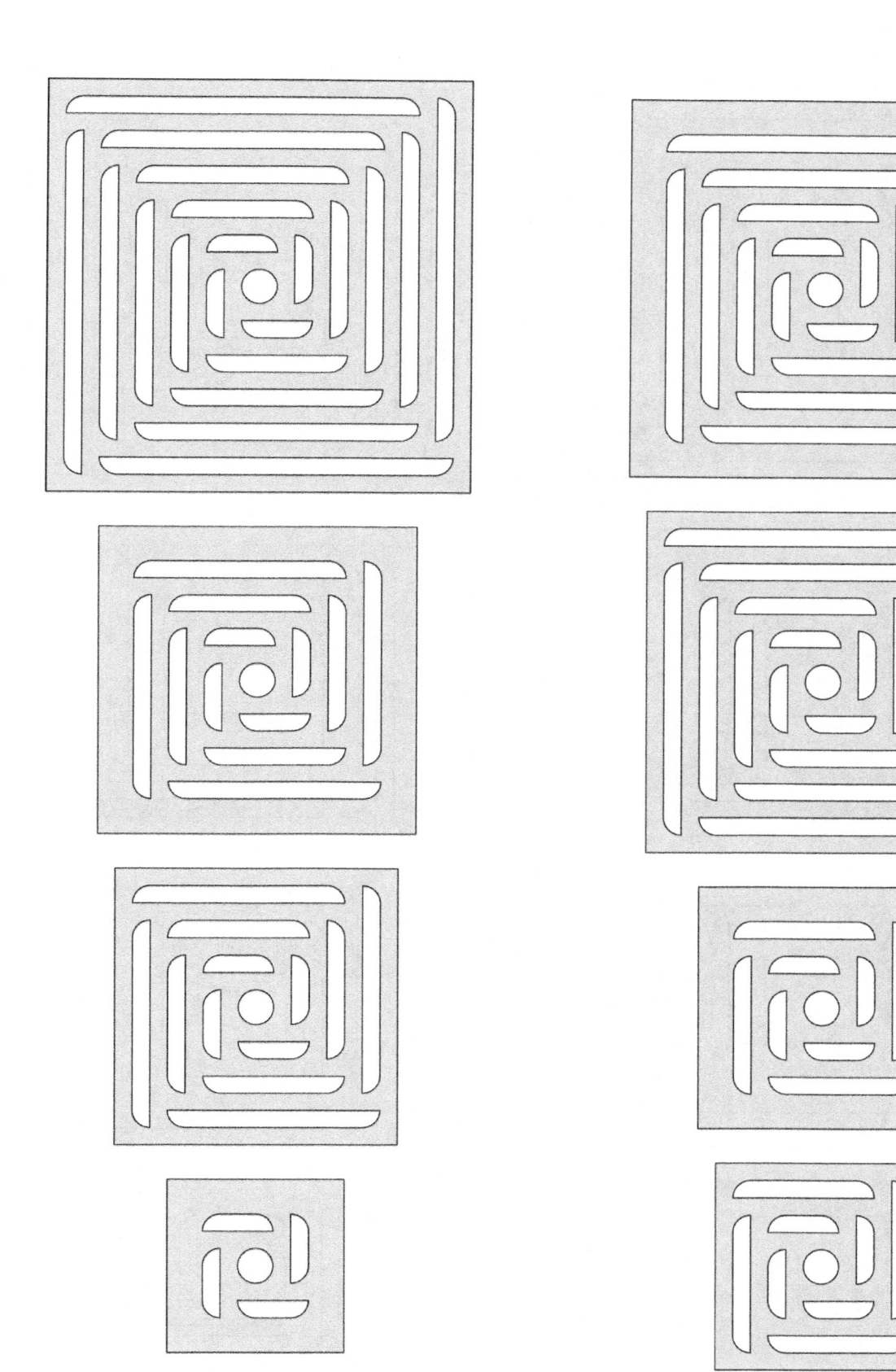

156

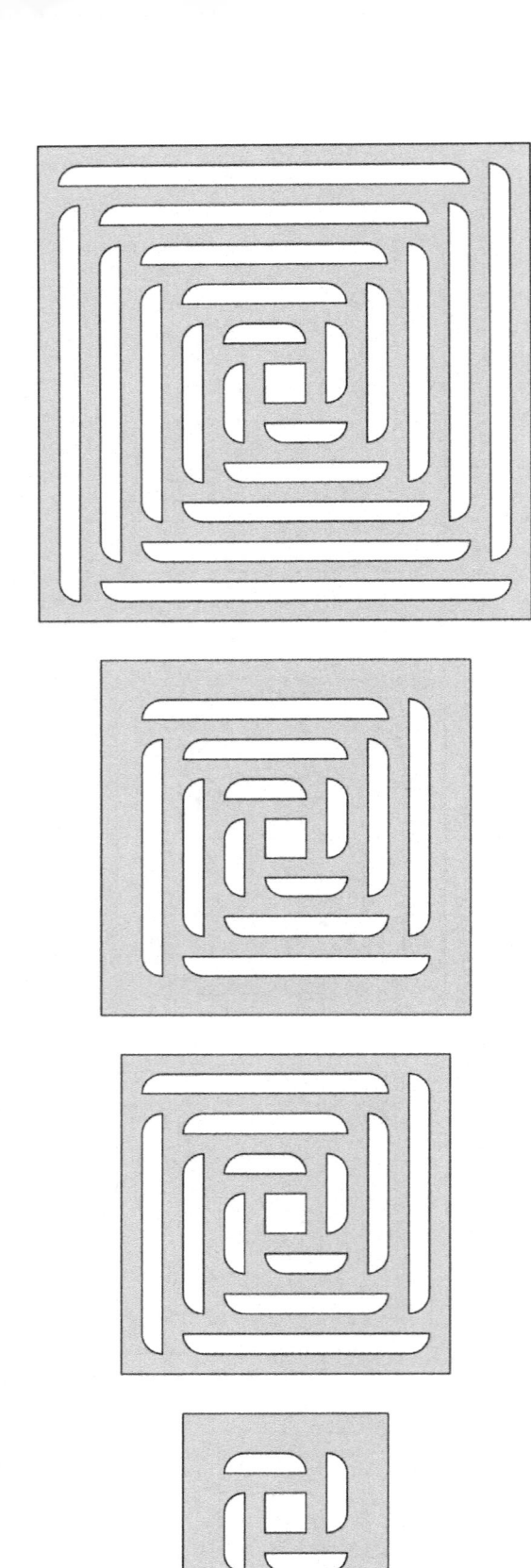

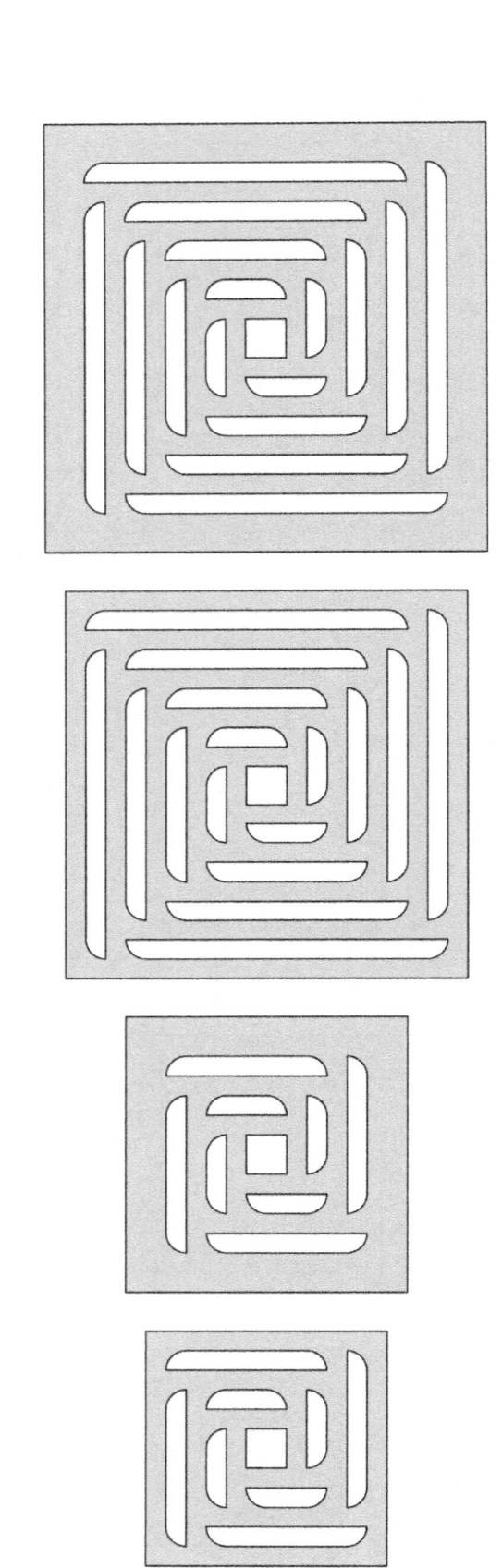

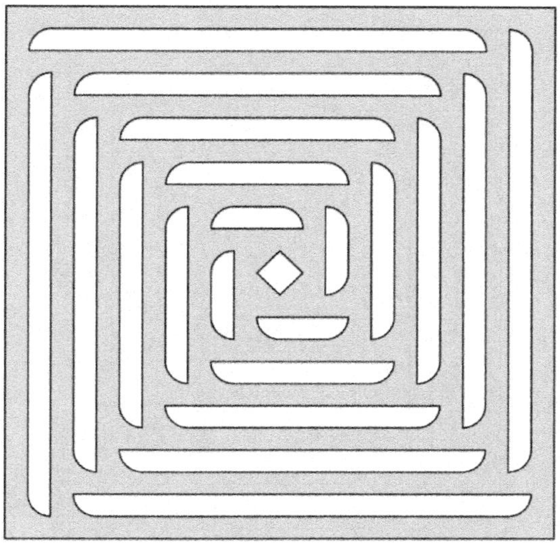
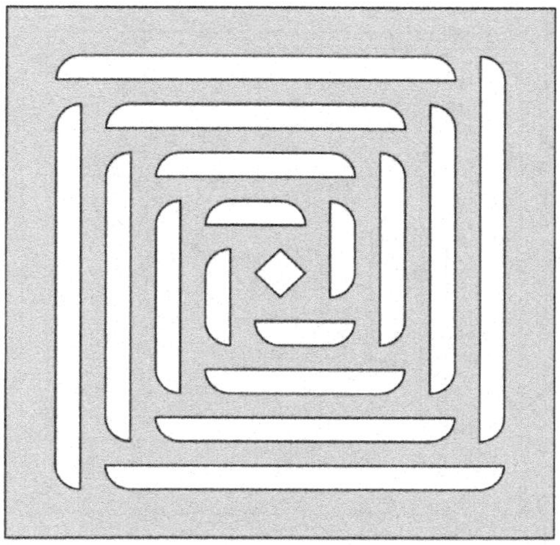
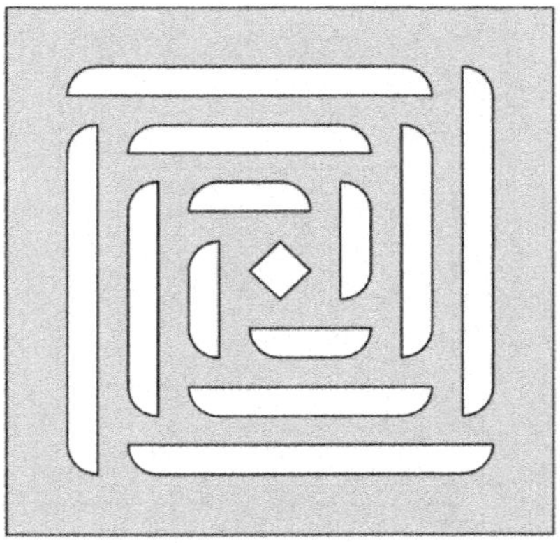
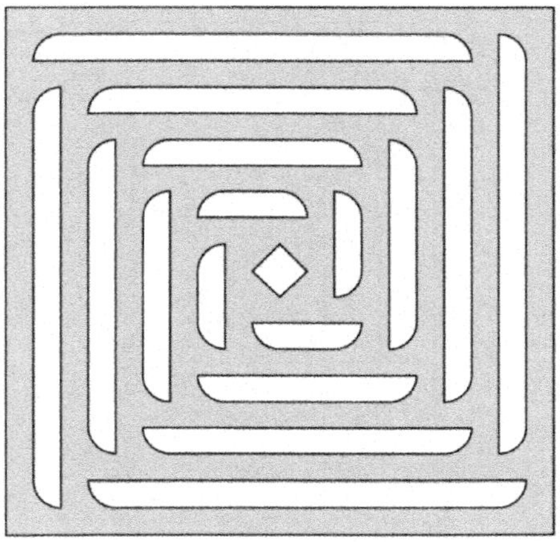
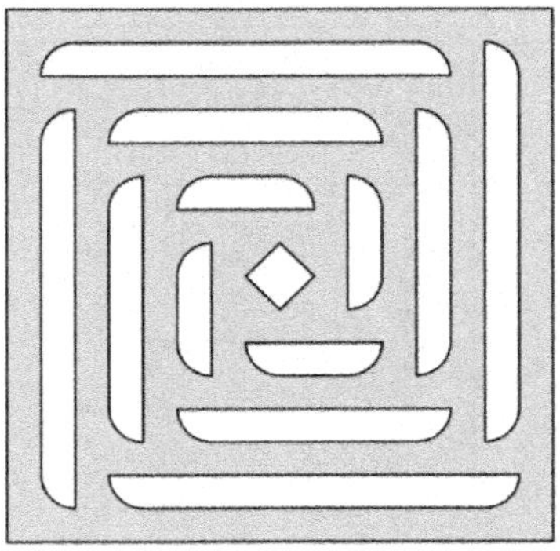
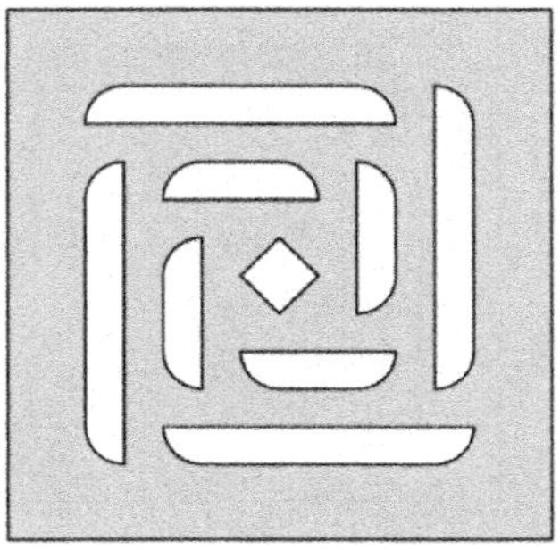
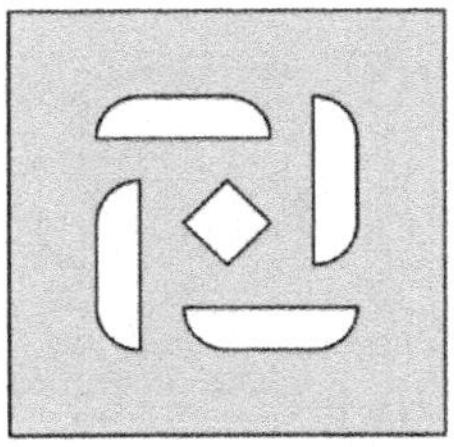
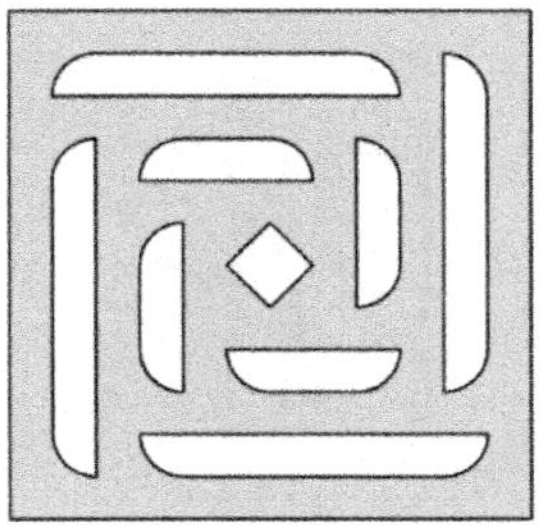

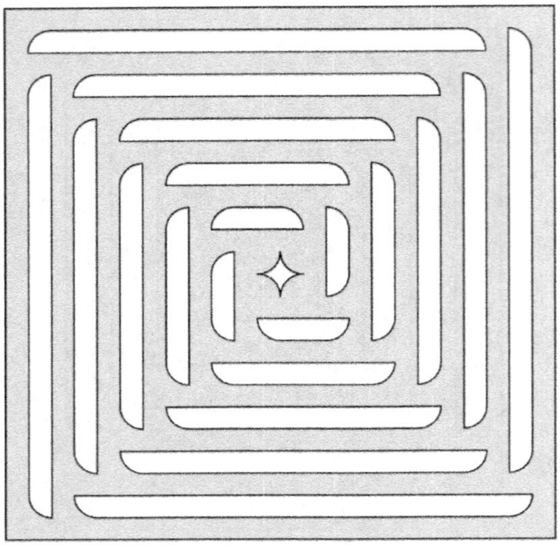
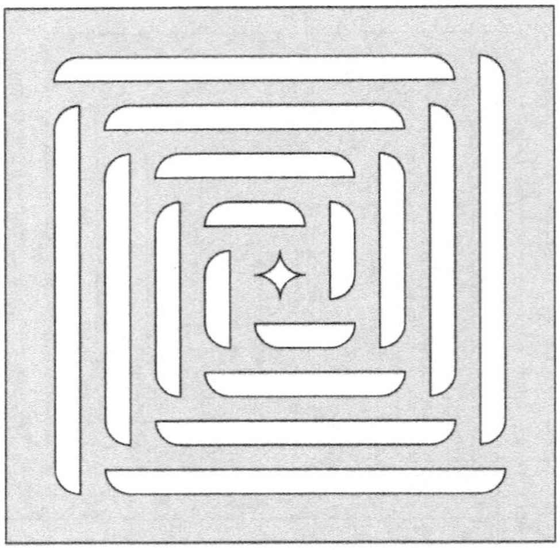
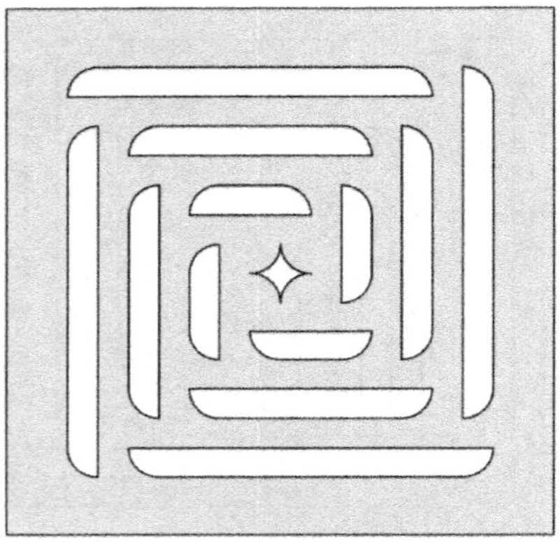
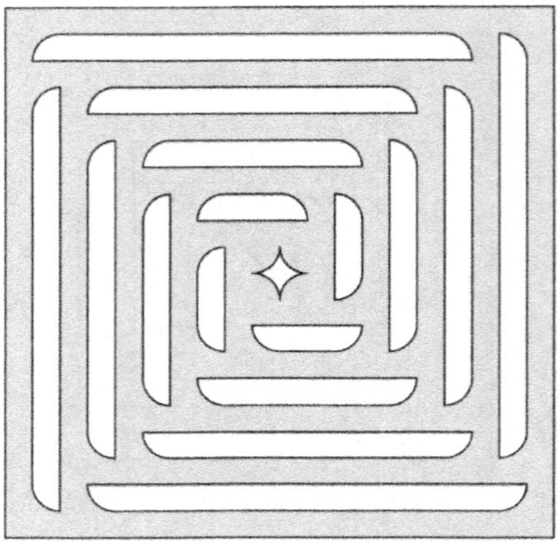
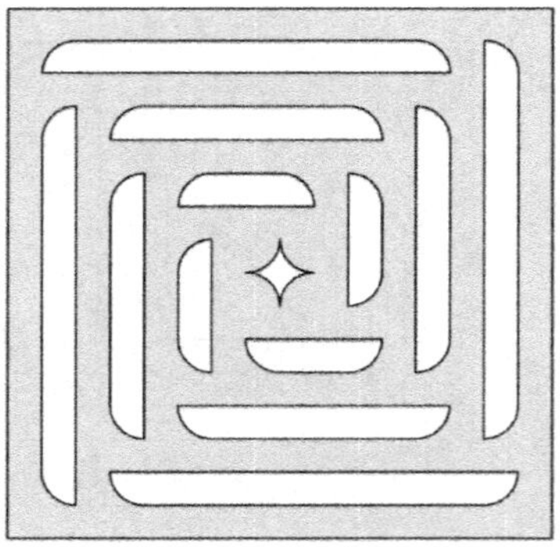
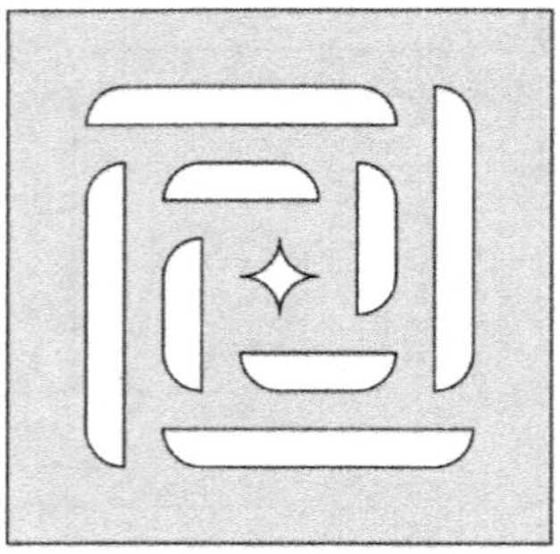
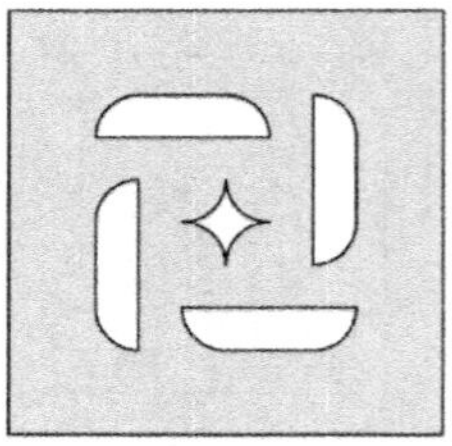
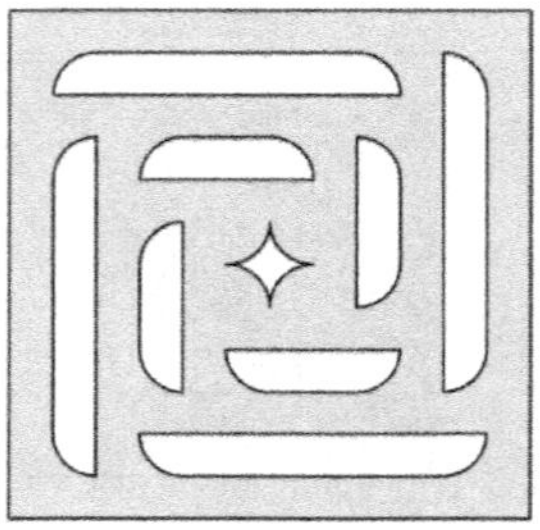

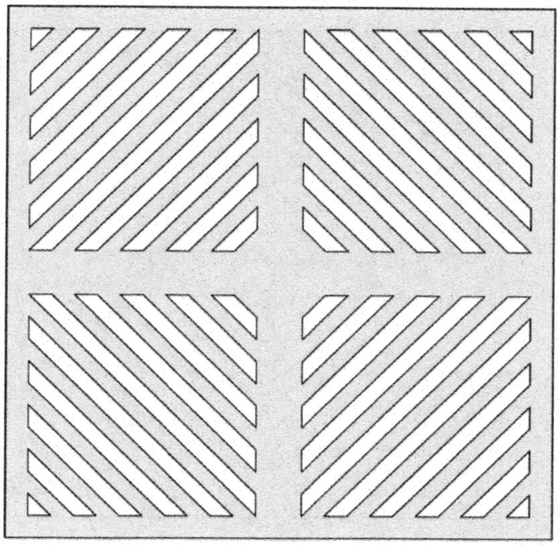
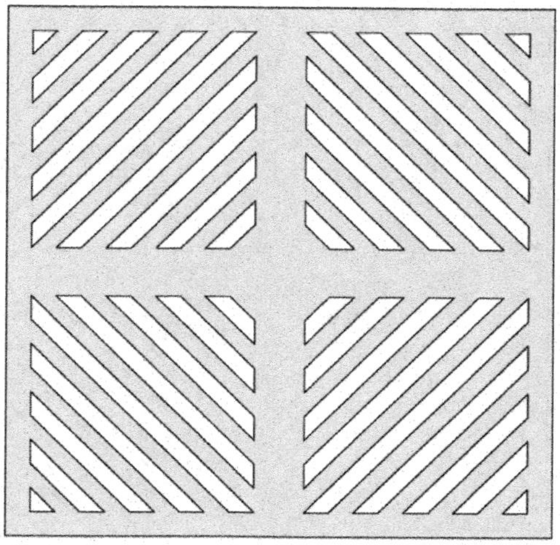
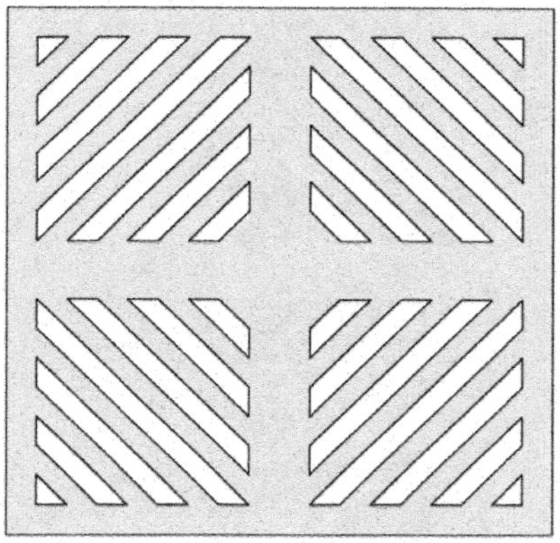
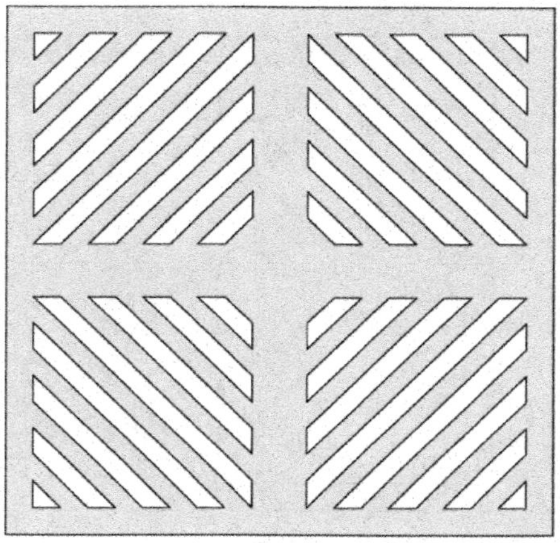
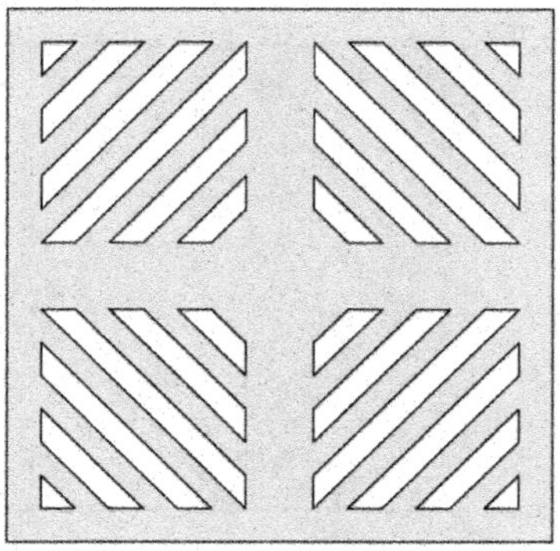
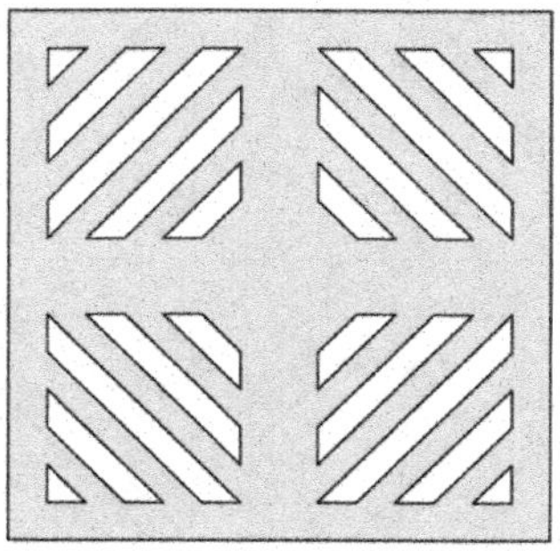
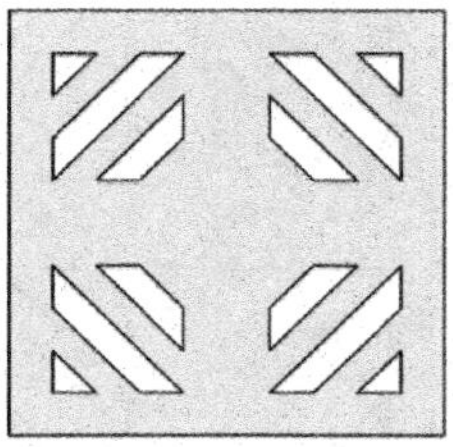
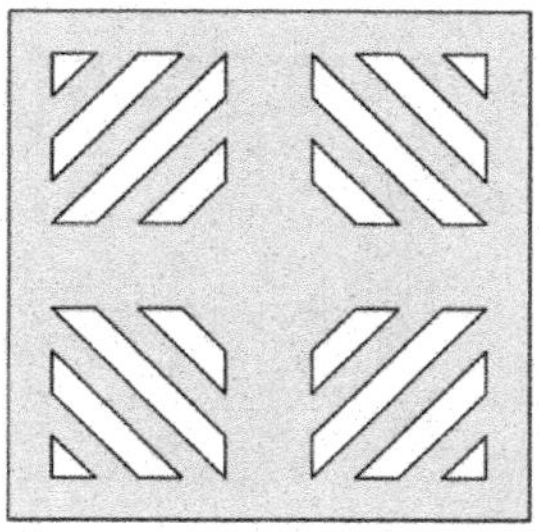

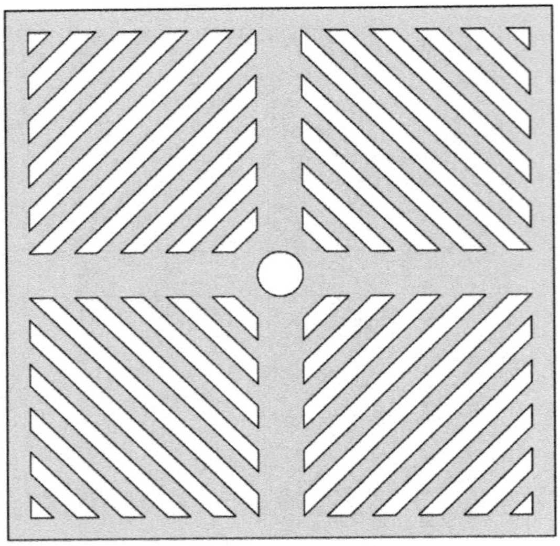
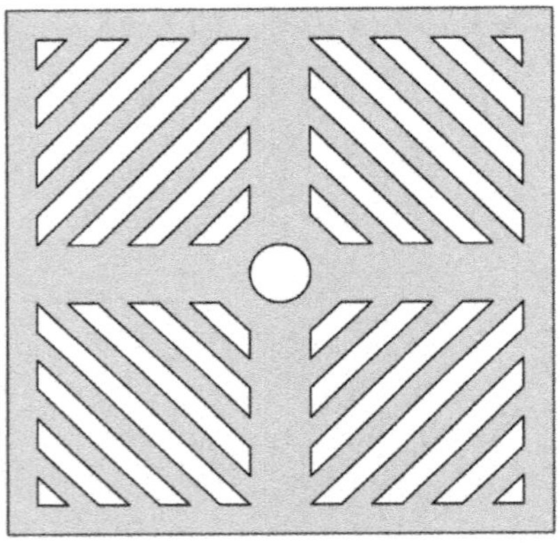
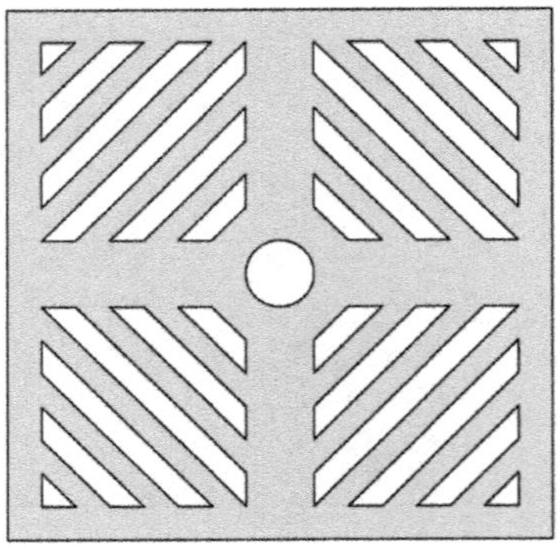
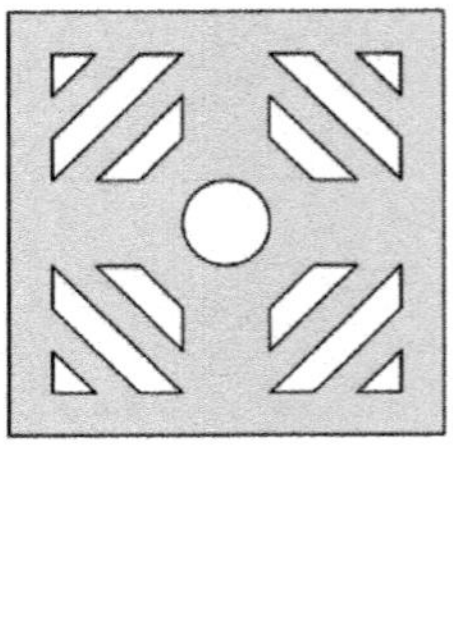
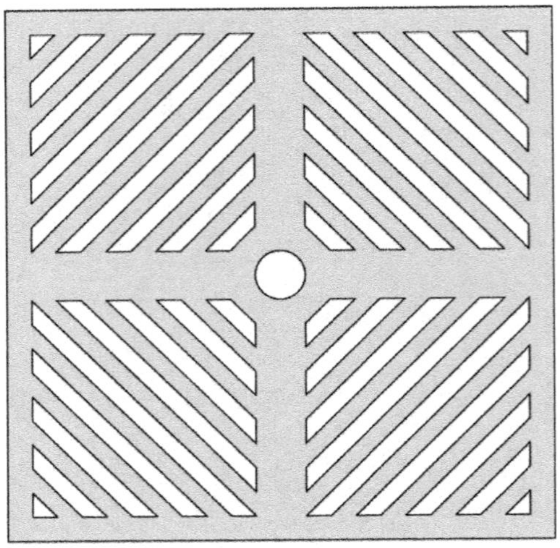
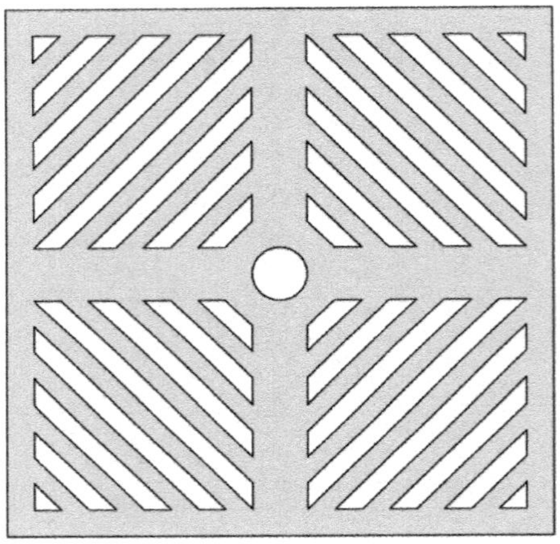
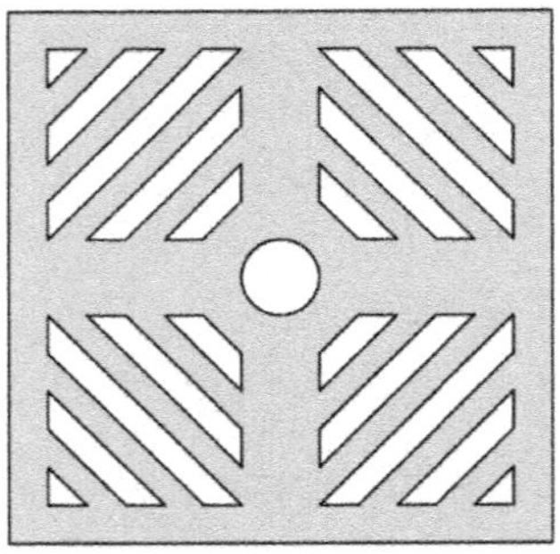
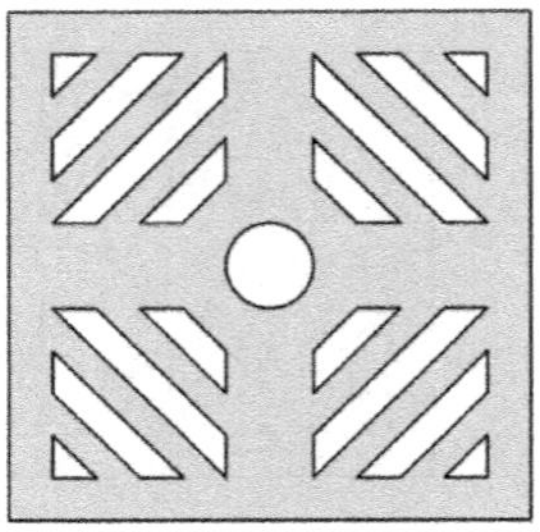

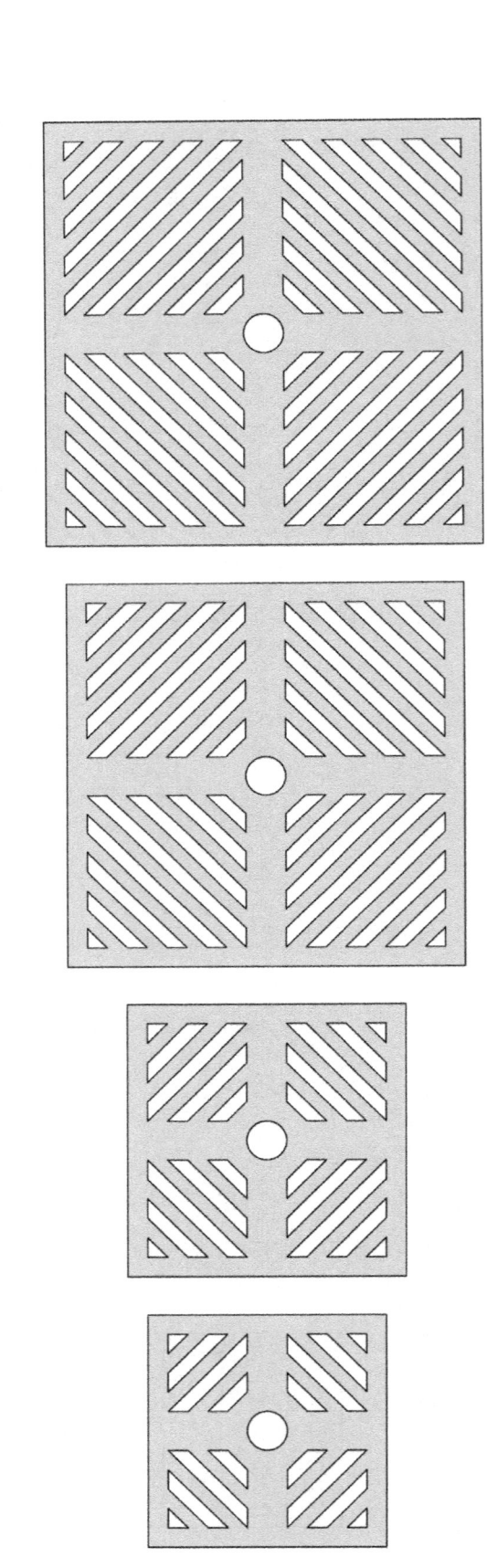

161

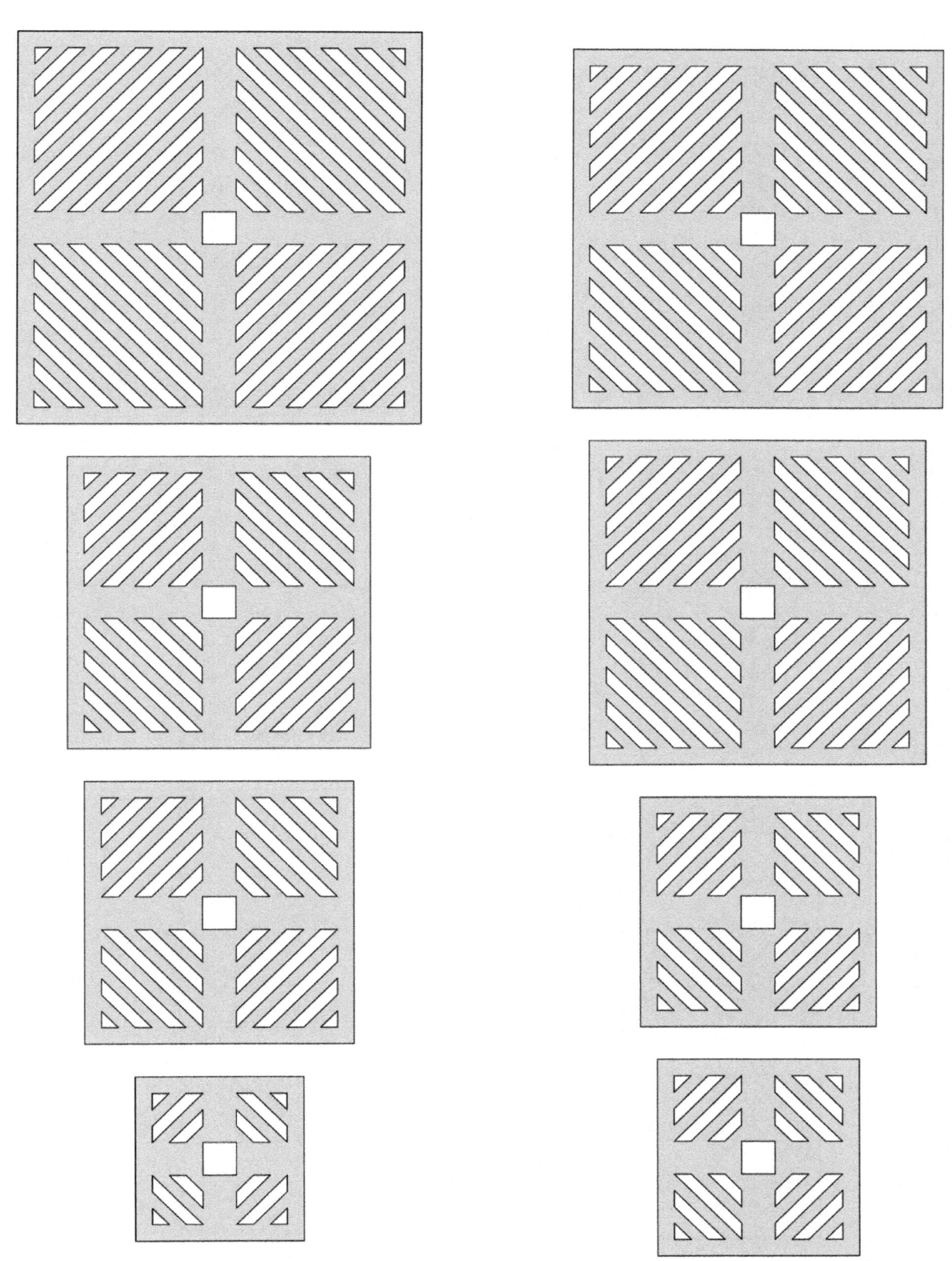

162

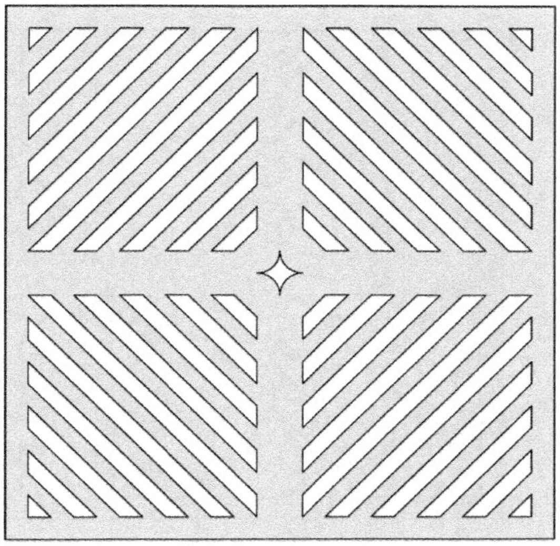
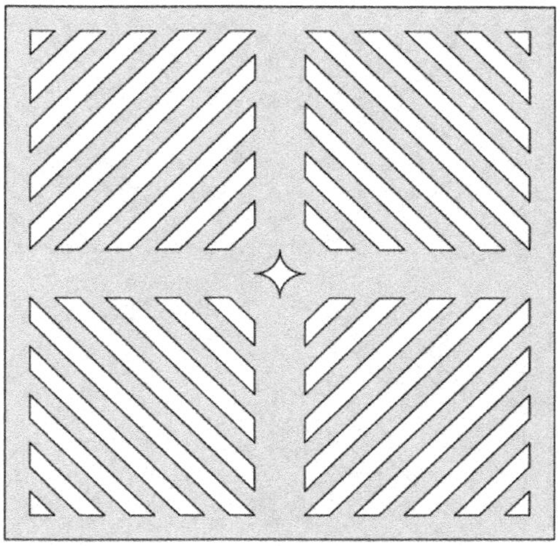
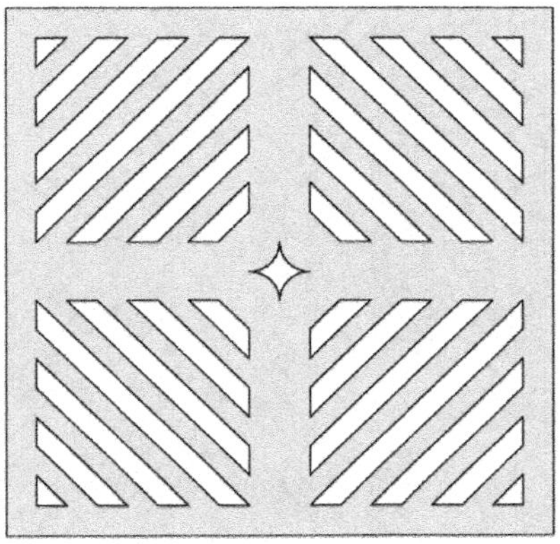
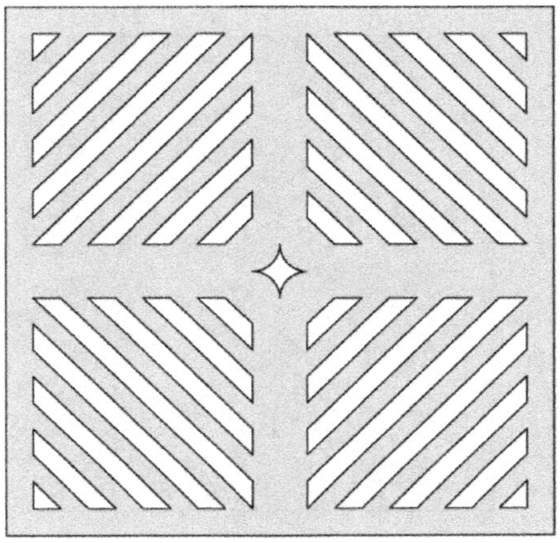
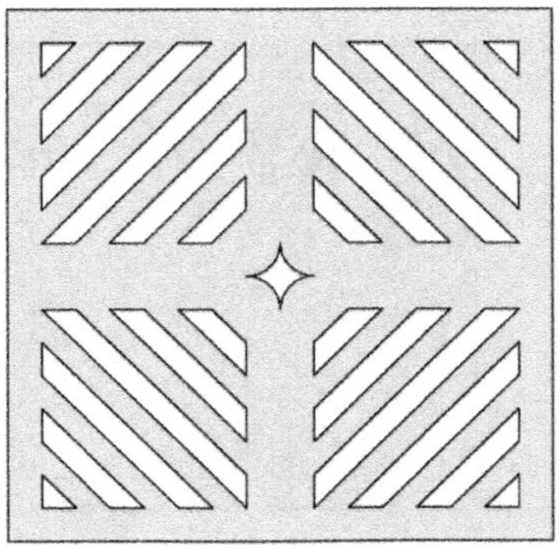
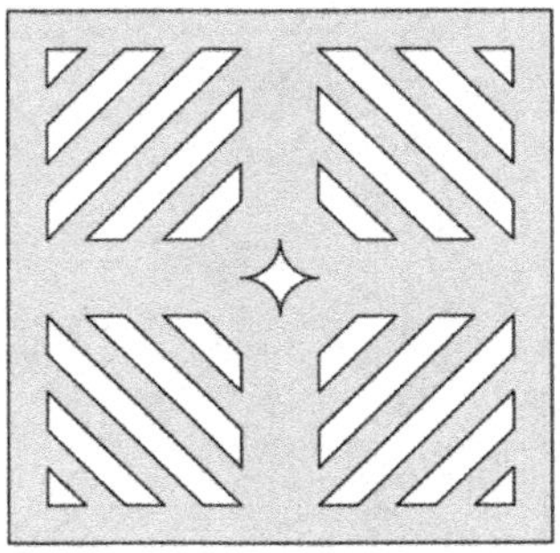
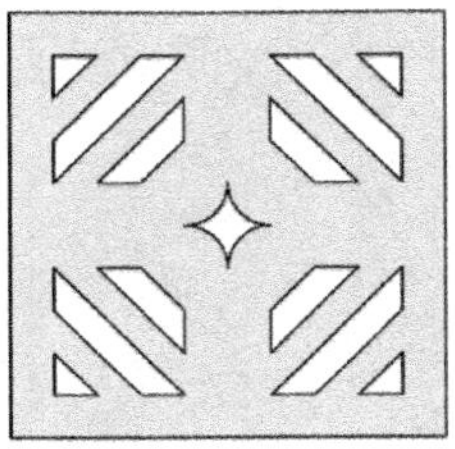
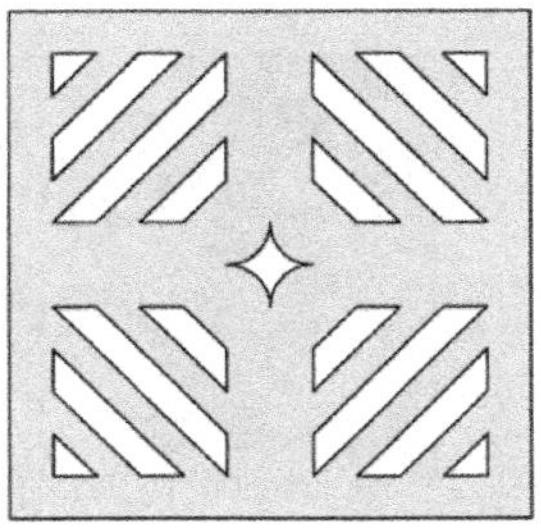

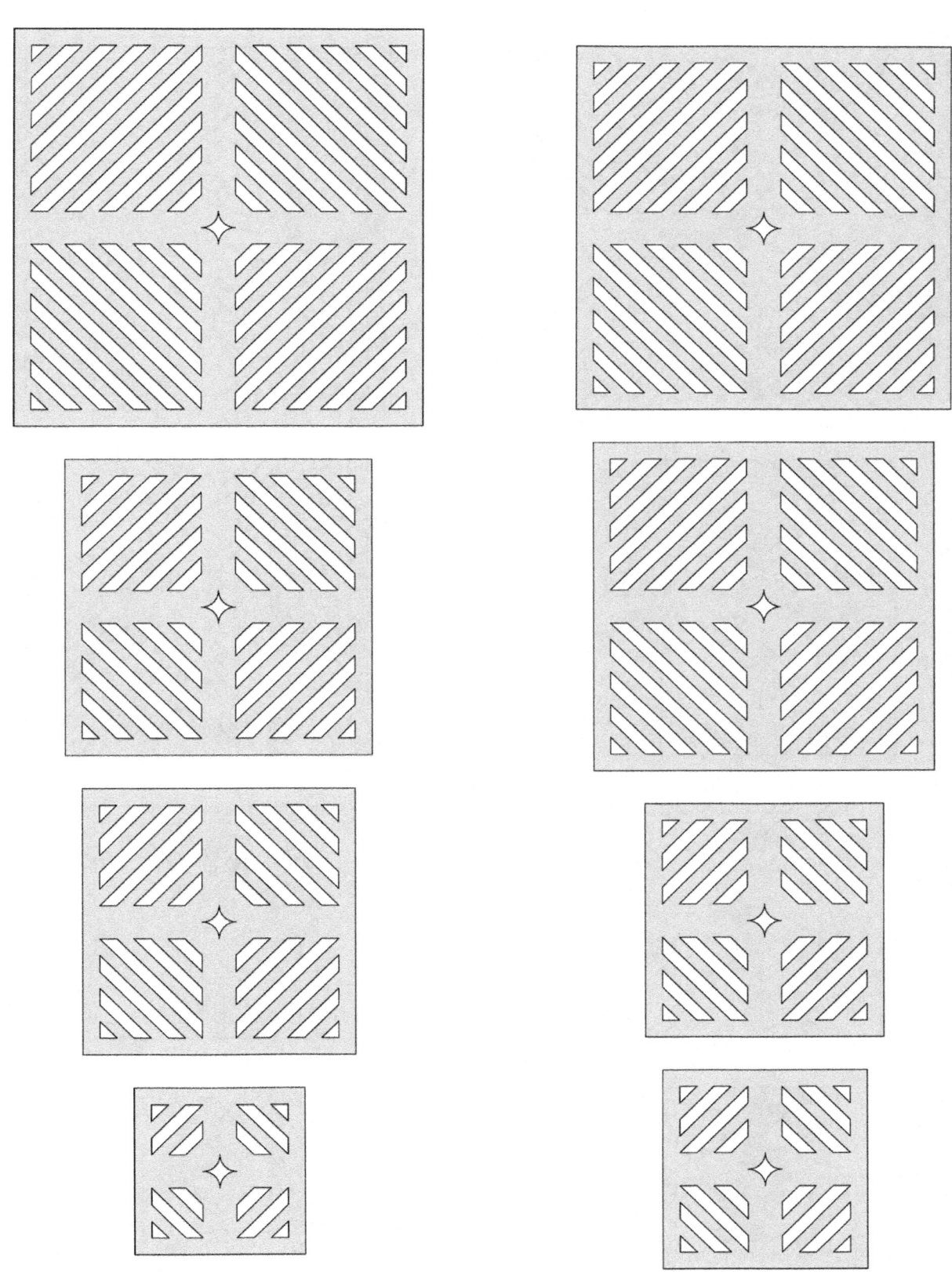

164

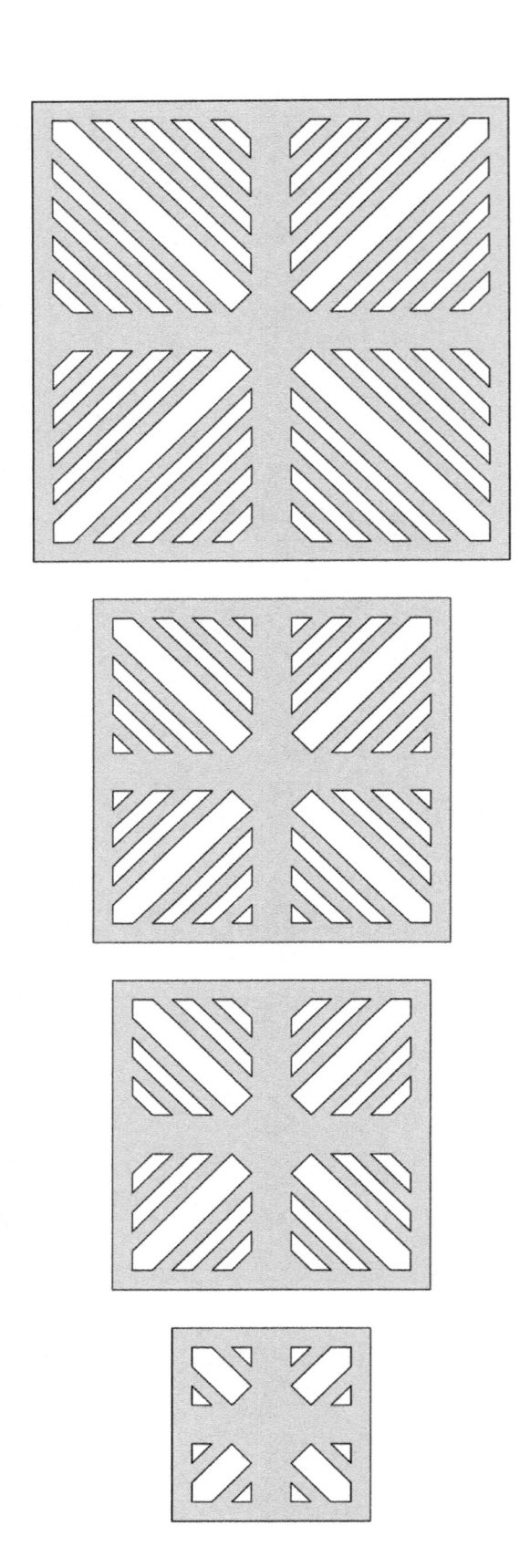

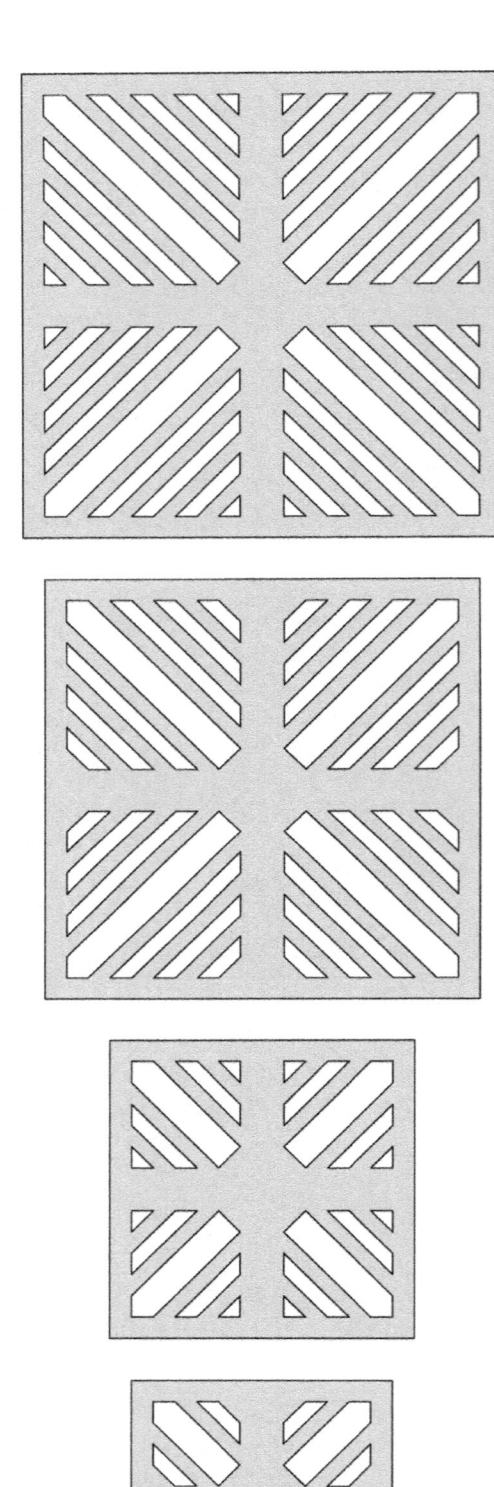

165

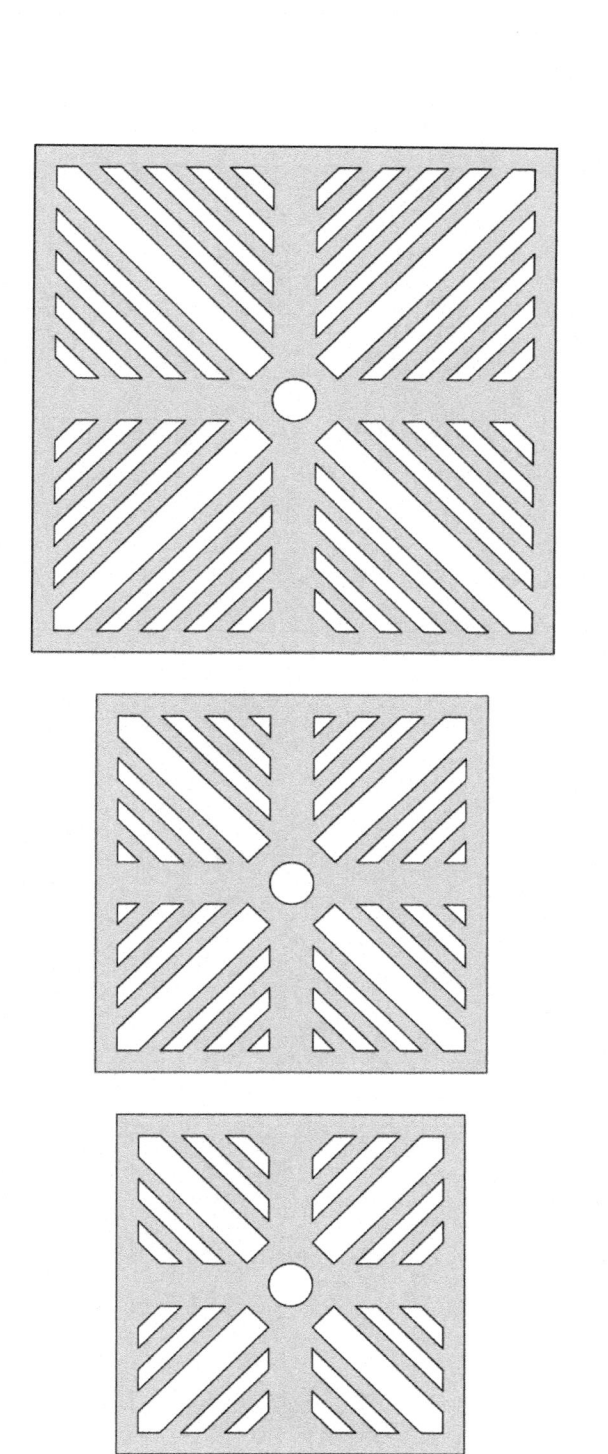

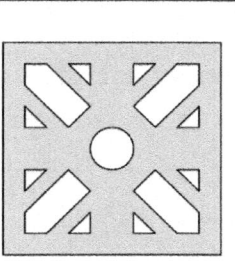

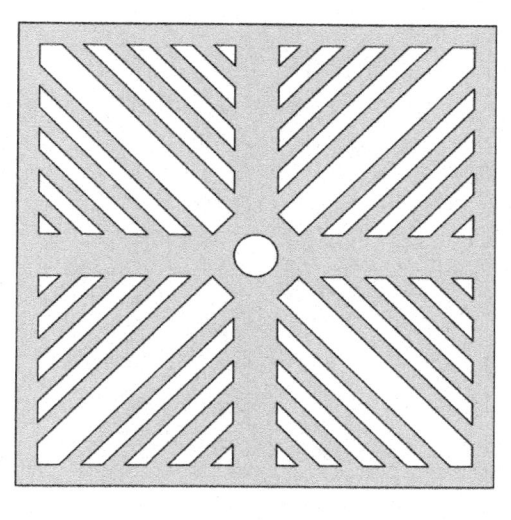

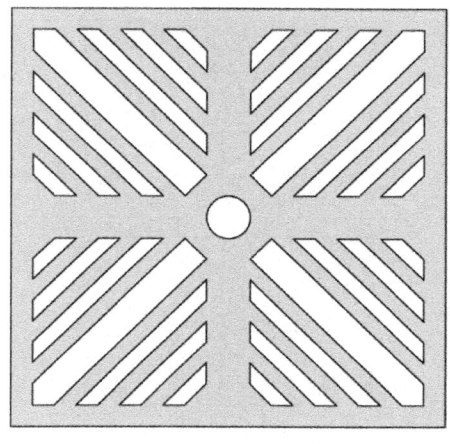

166

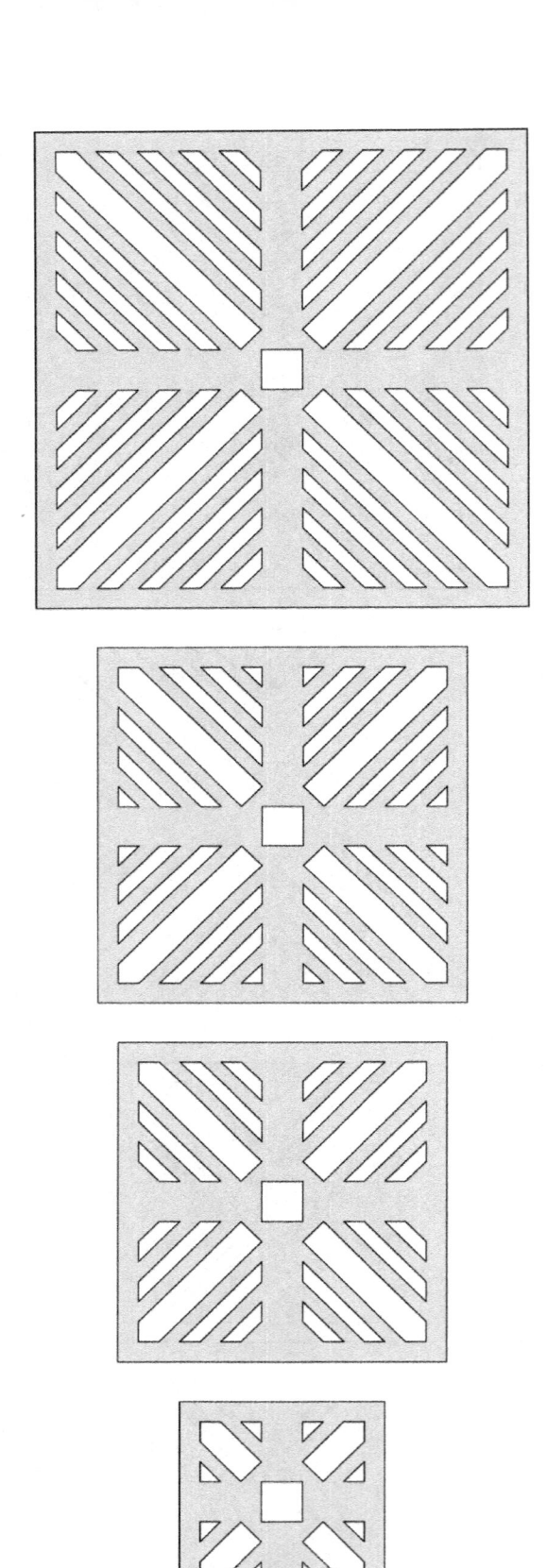

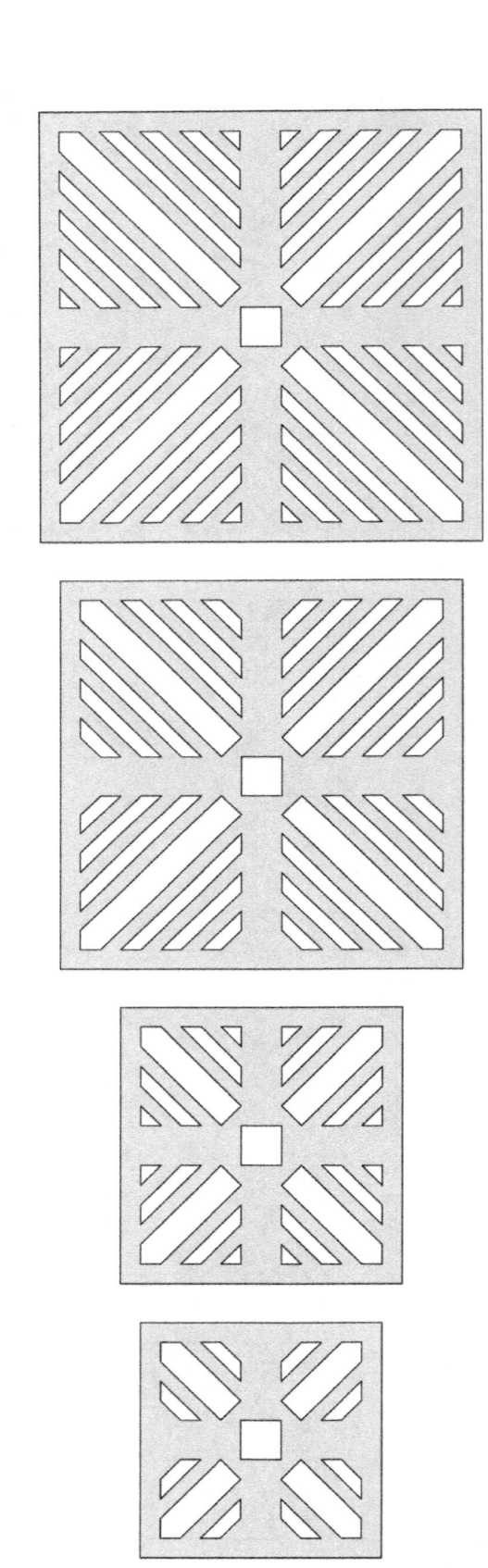

167

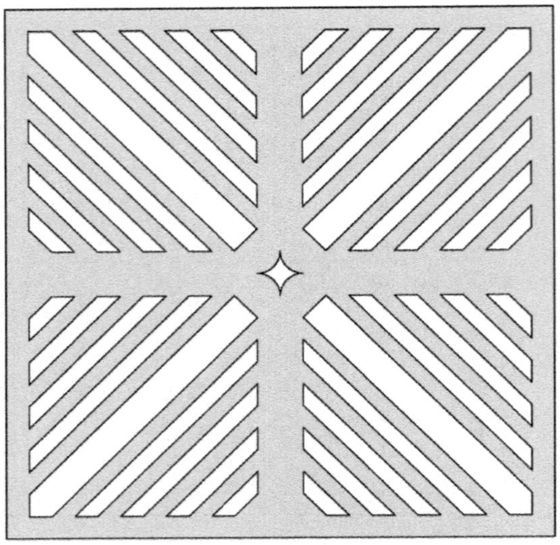
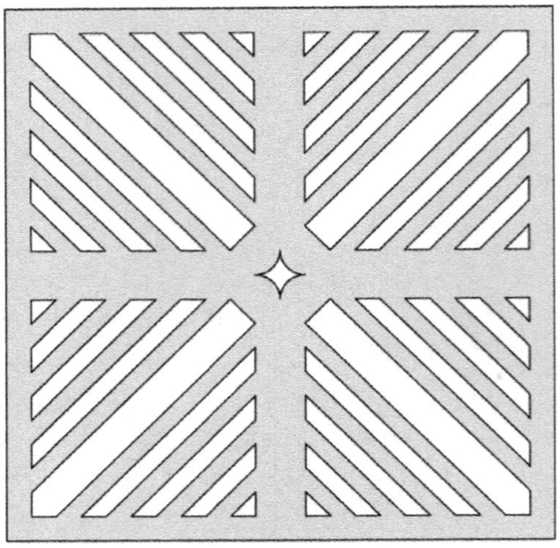
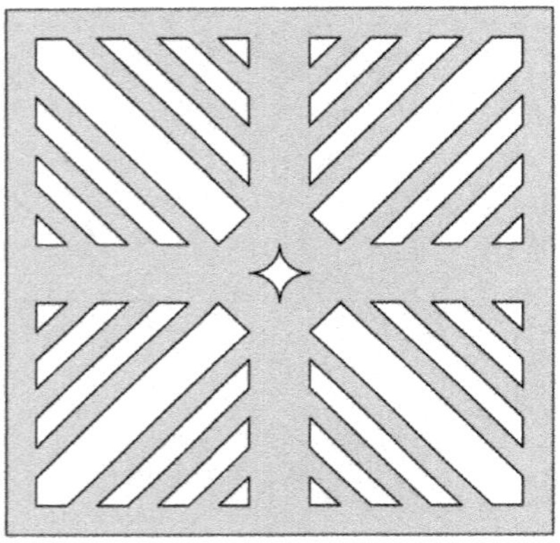
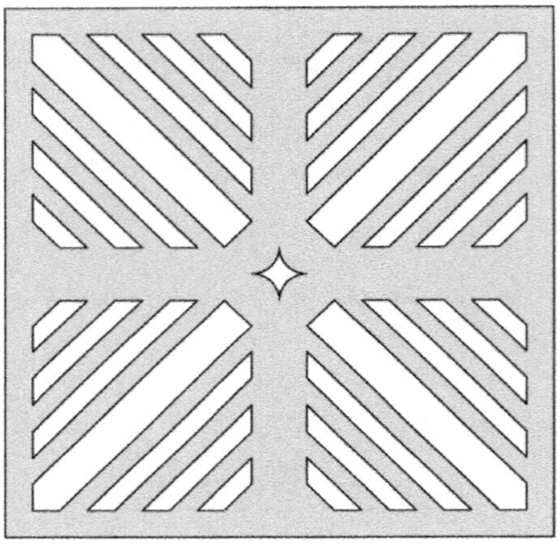
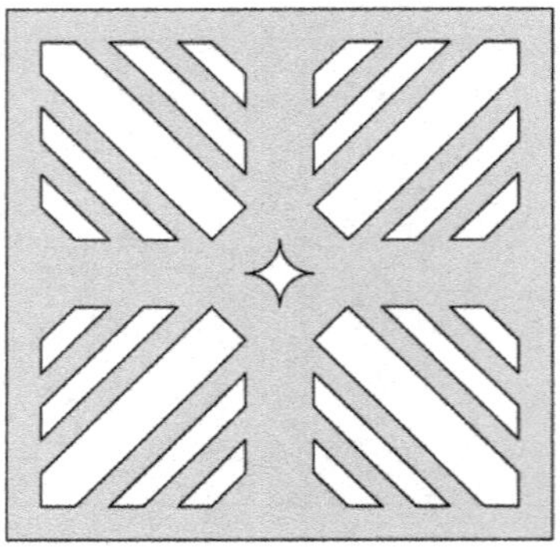
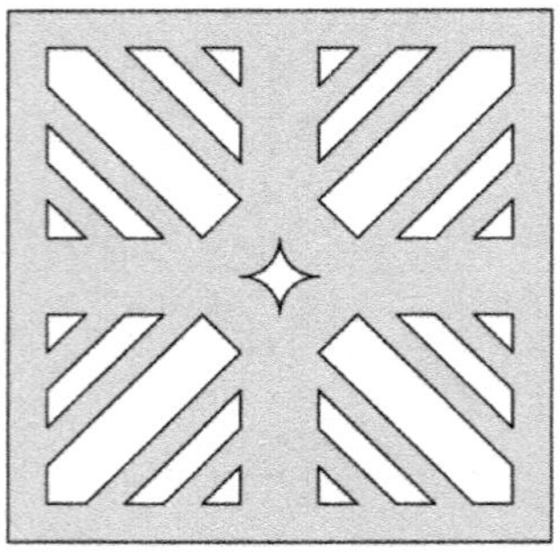
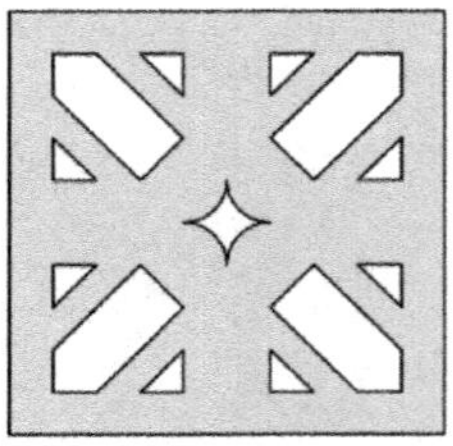
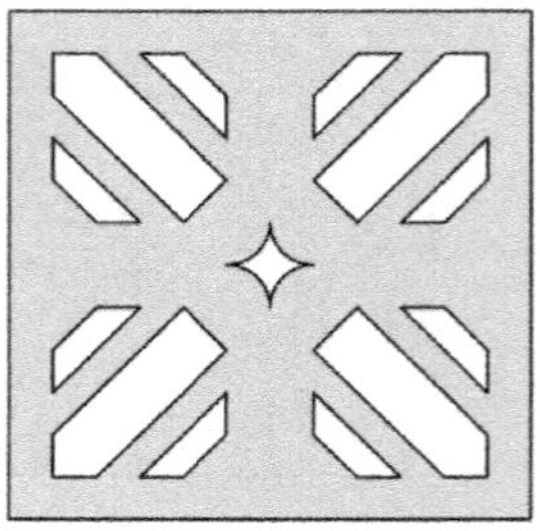

CPSIA information can be obtained at www.ICGtesting.com
Printed in the USA
LVOW03s1919010415

432906LV00002B/62/P